सिर्फ़ काग़ज़ पर नहीं

सिर्फ़ काग़ज़ पर नहीं

रंजना जायसवाल

वाणी प्रकाशन

वाणी प्रकाशन

4695, 21-ए, दरियागंज, नयी दिल्ली 110 002

शाखा

अशोक राजपथ, पटना 800 004

फ़ोन: +91 11 23273167 फ़ैक्स: +91 11 23275710

www.vaniprakashan.in
vaniprakashan@gmail.com

SIRF KAGAZ PAR NAHIN
by Ranjana Jaiswal

ISBN : 978-93-5072-208-4
Poetry/Feminism

प्रथम संस्करण

मूल्य : ₹ 295

ओम ऑफ़सेट, दिल्ली-110093 में मुद्रित

वाणी प्रकाशन का लोगो मक़बूल फ़िदा हुसेन की कूची से

अनुक्रम

स्त्री खण्ड

प्रकृति खण्ड

जीवन खण्ड

स्त्री खण्ड

आर्यावर्त्त में स्त्री-विमर्श

(‘तहलका डॉटकॉम’ पर एक कस्बाई शिक्षिका का
व्याकुल विचार पढ़कर)

माना कि
अम्मा की दी हुई
‘स्त्री-सुबोधिनी’ की ज़िल्द उखड़ गयी है
बिखर गये हैं पन्ने
पृष्ठों के क्रम
उलट-पुलट गये हैं

मगर
मत भूलो
अनुजा रस्तोगी
कि
अम्मा की नसीहतें
ज़िन्दा हैं तुम्हारी स्त्रियों के भीतर
अम्मा के मरने के बाद भी

चौदहों भुवन नाप लेने को व्याकुल
बुश का उठा हुआ पाँव (दायाँ कि बायाँ)
जिसकी छाया में
तुम लहलह हो रही हो
क्या जानती हो कि
दरअसल वह
स्त्री-आज़ादी के नाम पर

तुम्हारी जंघाओं के बीच
संस्कृति का 'ट्रेड टावर' खड़ा करने का
खुला अभियान है
तुम्हारी देहों की भौगोलिक जाँच का ठेका
हो चुका है और
लिया जा चुका है
तुम्हारे अंगों का ब्लूप्रिंट
चालू की जा चुकी है एडवांस बुकिंग
दर्ज हो चुका है रेस्त्रां के मेनू में
तुम्हारा पदार्थीय भाव?

अब
क्या है जो तुम्हारा अपना है—
इस वाणिज्यिक विमर्श से स्वतन्त्र
जिसे बख्श दिया गया है
सिर्फ तुम्हारे लिए,—कि तुम स्त्री हो
जीती जागती मनुष्य
अनुजा रस्तोगी!
क्या
कभी सोचा है इस तरह भी
सोचते हुए अपनी
आज़ादी के बारे में?

क्या तुम जानती हो कि
इक्कीसवीं सदी की इस ब्रह्मवेला में
दूर से
स्वर्णमृग-सा दिखता
अमरीकी ट्रेड सेंटर
तुम्हारे स्त्री-विमर्श का मारीच है
या
'यौन-मुक्ति' की तुम्हारी माँग

पुरुष-मल्टीनेशनल के किसी गुप्त प्रस्ताव से
जान-बूझ कर लीक किया गया
रणनीतिक एजेंडा है?

क्या तुम इतना भी नहीं जानतीं
कि
'खारी बावली' का महातमराव 'बुकसेलर'
दिवालिया हो गया बहुत पहले—
उन्नीस सौ नवासी में ही?
अब
उसके वंशजों ने
खोल लिये हैं
शानदार—
डिपार्टमेंटल स्टोर्स
और
बिठा दिए हैं सेल्स गर्ल्स
जहाँ कभी बैठता था महातमराव
किताबों-भरी अलमारियों की जगह
सजा दिए गये हैं कंडोमों और कामौषधियों के रंगीन पैकेट्स
हटा दी गयी हैं
लक्ष्मी और
दुर्गा की धूमाच्छादित मृण्मूर्तियाँ और
स्थापित कर दिए गये हैं
अपूर आकांक्षाओं की फल-दात्री देवियों के
कामुक उभारों वाले पारदर्शी 'एंटीक टेम्पिल'
अर्थात्
स्फटिक भव्यताओं से सज्जित
आध्यात्मिकता का अश्लील-बाज़ार?

समय के जिस मोड़ पर
खड़ा है यह डिपार्टमेंटल स्टोर्स

वहीं कहीं
जन्म ले रहा है
कोई नया कस्बा
कोई शहर... कोई गाँव... कोई 'डॉटकॉम'...
यानी कि बुश का मल्टीनेशनल
और
क्या जानती हो अनुजा रस्तोगी
कि
कोई कस्बाई स्त्री
यानी
स्वर्णमृग के लिए व्याकुल लोलुपता
जो
याचना कर रही है
किसी 'वेबसाइट' पर
बिलापती हुई
कि
क्यों नहीं मिलनी चाहिए यौनमुक्ति
क्यों पढ़ते रहना चाहिए
सत्यवान-सावित्री की दंतकथा
जन्मान्तर तक
वह कोई और नहीं
तुम हो—
मर्दवादी एजेंडे से छिटकी
एक बेचारी इबारत?

'वेबसाइट' के वर्चुअल पृष्ठों पर
दहाड़ती हुई
अनुजा रस्तोगी,
तुम्हें सुन रही हैं
परम्पराएँ
सुन रहा है

कार्पोरेट जगत का 'बिलग्रेट'
यानी कौन नहीं सुन रहा है
मगर सोचो कि
तुम्हारी तल्ख कामनाओं का बेसब्र उद्घोष
इतना दयनीय क्यों है?
जैसे किसी विवश स्त्री की बलात्कृत आवाज
जैसे
टपक रहे हों कई-कई जन्मों के आँसू
मनुस्मृति के पन्नों से
जैसे उठ रहा हो कोई
करुण विलाप?

गौर से देखो–
ये इतने सारे ई-मेल
'फी-मेल' नहीं, 'ई-मेल' –यानी
सहमतियों में उठे
कोई बहत्तर जोड़ी मर्द हाथ
जो हवा में बिछ गये हैं उत्सुक–
तुम्हारी सहायतार्थ
उनमें किसी स्त्री का आधा-हाथ भी नहीं है
यानी अकेली हो तुम
यहाँ इस वेबसाइट-विमर्श में

इस तरह
अनुजा रस्तोगी
सोचो कि
कस्बाई स्त्री की
विफल आवाज
बचा ली गयी है जिन हाथों
मर्दवादी साइटों के समुद्र में
डूब जाने से,

आखिर क्यों
वे मर्दों के ही हाथ हैं—
मर्दवादी हाथ?

सुनो—यह आवाज किसी
ह्वाइट हाउस से नहीं
यहीं कहीं तुम्हारे ही पहलू से
आ रही है शायद
तुम्हारे भीतर से—
पूछता है कोई तुमसे ही बार-बार
कि
वेबसाइट की स्त्री—
अनुजा रस्तोगी,
तुम
अकेली क्यों हो
इस प्रश्न-प्रहर में?
कहाँ हैं वे भारतीय-स्त्रियाँ
जिन्हें चाहिए यौनमुक्ति
तुम्हारी ही तरह?
जबकि अमरीका में पहले ही घोषित किया जा चुका है कि
रैम्प पर कैटवाक
स्त्री की आजादी का सबसे भरोसेमन्द उत्सव है?

यही वह बिन्दु है
जहाँ स्त्री-विमर्श का पश्चिमी पाठ पीछे छूट जाता है
और हमारे विचारों के आर्य-'आवर्त्त' में
प्रवेश करता है
पुरुष की देखरेख में सतत जारी सनातन स्त्री-विमर्श

शुरू होता है
औपनिषदिक उद्धरणों, प्रमाणों,

सन्दर्भों और आख्यानों की अनन्त
गवाही का सिलसिला
प्रवेश करते हैं इन्द्र, वरुण, यक्ष
किन्नर, नाग
एक के बाद एक
पुराण-पुरुष की अदालत में

संहिताओं की प्राचीन जिल्द पर
हाथ रख कर खाई जाती हैं
सत्य-भाषण की कसमें
इतिहास-सत्यों की स्वस्तिक छाप कालीनों पर सजी
चारों पुरुषार्थों, वर्णों, आश्रमों और धर्म-धामों की चतुष्पदी
—चौकियों पर आसीन
दसावतार नैयायिकों की अदालत में
इतिहास की रुपहली गद्दी पर बैठा
न्याय-पुरुष
सुनाता है फैसला
कि
पुराण निर्दोष हैं
निर्दोष हैं स्मृतिकार
अतीत में कोई भी नहीं रहा सदोष
न दुष्यन्त, न अयोध्या, न राम
इस तरह सम्पन्न होती है अदालती कार्यवाही
और सिद्ध कर दिया जाता है
'मुक्ति' का
पौराणिक स्त्री-अर्थ
जो हकीकत में
हमारी संस्कृति का पुरुष-विमर्श है

अनुजा रस्तोगी
लड़ो तो इस

यक्ष-प्रश्न से
कि
कहाँ खड़ी हैं
तुम्हारी कस्बाई स्त्रियाँ?
इतिहास द्वारा रचित वृत्तों से बाहर निकलने का
उनका हर अभियान
क्यों
पुरुष कन्धों की खोज का नया पाखण्ड बन कर रह जाता है?

सोचो तो
इस कोण से कि
तुम्हारी स्त्रियाँ भारतीय हैं
लड़ना है तुम्हें
स्त्री-सुबोधिनी से
माँ की नसीहतों की छाया से
निकालना है

सेक्स रैकेट की लड़कियाँ

आज फिर पकड़ी गयी हैं
सेक्स रैकेट की लड़कियाँ
फोटो छपा है अखबार में
चेहरा यूँ ढाँपे खड़ी हैं
मानो रही ही न हों
मुँह दिखाने के काबिल
या फिर चेहरा विहीन
सिर्फ देह ही है
सेक्स रैकेट की लड़कियाँ।
फोटो में उनके साथ चमक रहे हैं कुछ चेहरे
जिनके पुरुषार्थ से पकड़ी गयी हैं लड़कियाँ
वे ताक रहे हैं माननीया राष्ट्रपति की ओर
किसी पदक की उम्मीद में
बिना विचार किए कि किनकी मेहरबानियों से
फलती-फूलती हैं
सेक्स रैकेट की लड़कियाँ।
जो नहीं पकड़ी गयी हैं इनमें से
पकड़ी जाएँगी आज नहीं तो कल
पर रुकेगा नहीं धन्धा
क्योंकि नयी आएँगी
और छूट जाएँगी ये भी
आज नहीं तो कल
उन्हीं की मेहरबानियों से
जिन पर मेहरबान होती हैं

सेक्स रैकेट की लड़कियाँ।
उम्र कम है इन लड़कियों की
यही कोई पन्द्रह से तीस की
उम्र के हिसाब से
इनमें ऊर्जा है, शक्ति है
साहस भी
जिसे गलत काम में लगा देती हैं
सेक्स रैकेट की लड़कियाँ।
इन लड़कियों के अपने प्रेमी भी हैं
जिन्हें करती हैं सच्चे मन से प्यार
जबकि वे जुटाते हैं इनके लिए
ग्राहक भी
फिर भी गुमान में रहती हैं
सेक्स रैकेट की लड़कियाँ।
इन लड़कियों के चेहरों पर
नहीं होती पश्चात्ताप की छाया भी
जैसे होती थी पहले गणिकाओं के
अधम भी नहीं मानतीं ये खुद को
'गन्दा है पर धन्धा है'—इस जुमले को
बार-बार दुहराती हैं
सेक्स रैकेट की लड़कियाँ।
मजाक उड़ाती हैं ये उन शरीफ औरतों की
जिनके मर्द नाचते हैं इनके इशारों पर
कहती हैं—'इस लायक भी नहीं हैं ये औरतें
रख सकें अपने पुरुषों को वश में'
भूल जाती हैं ये लड़कियाँ
आसान होता है नचाना पराये पुरुषों को
अपना ही होता है छुट्टा साँड़
शरीफ औरतें इसलिए बेवश हैं
कि बचाना चाहती हैं
इज्जत

विवाह
घर-परिवार
समाज-संसार
यही याद रखने वाली बात भूल जाती हैं
सेक्स रैकेट की लड़कियाँ।
यह भी याद नहीं रख पातीं ये लड़कियाँ
कि जिन्हें नचाने का भ्रम है इन्हें
वे नचा रहे खुद इन्हें ही
कर रहे हैं दोहन इनकी उम्र का
एक डस्टबिन से ज्यादा औकात नहीं है
उनकी नज़रों में इनकी
जिसमें फेंकते हैं वे
अपनी गर्हित दमित इच्छाएँ
और अतिरिक्त ऊर्जा
जाने क्यों खुद से अनजान हैं
सेक्स रैकेट की लड़कियाँ।
इनमें से कुछ के नहीं हैं घर
कुछ छोड़कर आयी हैं घर
कुछ से चलता है घर
कुछ खुद में ही हैं एक घर
कुछ बन गयी हैं तोड़ने वाली घर
फिर भी अपने घर के लिए तड़पती हैं
सेक्स रैकेट की लड़कियाँ।
इनमें से ज्यादा बिक कर खुश हैं
कुछ बनकर किसी अमीर की रखैल
कुछ काम करती हैं नीली फिल्मों में
जिन्हें 'बनाकर' जेब भरते हैं व्यापारी
और मर्द खुद में आग
कुछ नहीं बचा इनके पास
देह के सिवा
इसलिए देह से ही खुश हैं

सेक्स रैकेट की लड़कियाँ।
इन लड़कियों में होती हैं खूबियाँ भी बहुत
स्त्री-गुणों और दया-धर्म से
लबरेज़ होती हैं ये
अक्सर मिल जाएँगी
पूजा-पाठ, धर्म-कर्म
व्रत-उपवास करती पूरे मन से
और बाँटती दुःख-सुख भी
तब लगता है कहीं हालात की शिकार तो नहीं हैं
सेक्स रैकेट की लड़कियाँ।
कौन हैं ये, कहाँ से आकर
भर गयी हैं शहर में
बताते हैं जानकार—ज्यादातर आयी हैं
गाँव-कस्बों से
पढ़ने या नौकरी की तलाश में
पर चकरा गयी हैं शहर की चकाचौंध में
इन लड़कियों की अपनी जरूरतें हैं
महत्वाकांक्षाएँ भी
नहीं है आपूर्ति का
सहज-सरल छोटा और स्वस्थ मार्ग
इसलिए हो गयीं गुमराह
सेक्स रैकेट की लड़कियाँ।
ये लड़कियाँ दिखती हैं अक्सर ग्रुप में
मॉल, बाजार, पार्क या होटलों के आस-पास
इनकी देह पर सस्ते मगर फैशनेबुल
कपड़े होते हैं, जेवर भी
चप्पलें भी वैसी, पर हाई हील वाली फुटपाथी
मोबाइल ज़रूर होता है हाथ में
जिस पर शोखी व अदा से
हर वक्त बतियाती मिलती हैं
सेक्स रैकेट की लड़कियाँ।

इन लड़कियों को देखकर
चिढ़ाते हैं मुझे मेरे पुरुष मित्र
—'मैडम, क्या यही है स्त्री की आज़ादी?'
प्रत्युत्तर देते दब जाती है कहीं मेरी जुबान
कि—माँग न होगी तो आपूर्ति की ज़रूरत क्या?
मेरे स्त्री-विमर्श पर ही
सवालिया निशान लगा जाती हैं
सेक्स रैकेट की लड़कियाँ।
सोचती हूँ
आज़ादी की चाह में गुलाम हुई
खाए-अघाए-उकताए पुरुषों की
आसान शिकार हुई
अपनी मर्ज़ी से बाजार हुई
आखिर कहाँ जाकर रुकेंगी
सेक्स रैकेट की लड़कियाँ।

एक कुलपति के बयान के बाद

आज कक्षा में एक बच्चे ने मुझसे पूछा
—'छिनाल' का अर्थ क्या है?
प्रश्न के साथ ही हँस पड़ी पूरी कक्षा
रातो-रात 'सुपर हिट' हुआ है यह शब्द
भोजपुरी ही नहीं शहरी लोगों का भी
'शब्द ज्ञान' बढ़ा है।
कैसे बताऊँ मासूमों को 'छिनाल' का अर्थ
करती हूँ लीपा-पोती
'गाली' नहीं है यह शब्द
जो छिन्न... नाल है
यानी कि मूल से भटका हुआ
उसको कहते हैं
'छ...इ...न्...आ...ल...अ'
शब्द कहते लटपटाती है जुबान
बच्चे मुस्कुराते हैं जैसे समझ रहे हों बात
आहत हूँ
इक्कीसवीं सदी के
सभ्य, सुसंस्कृत पुरुष की
बर्बर अभिव्यक्ति से/जबकि बूँद मात्र है यह
सामन्ती मानसिकता के आकाश से टपकी
अभी बरसात बाकी है।
रंडी/वेश्या/छत्तीसी का समानार्थी है यह शब्द
ज़ाहिल गँवार ही नहीं
कवि दार्शनिक

साहित्य, संगीत, कला-मर्मज्ञ
गृहस्थ-संन्यासी
बाबू, कुलपति
सबके होंठों से झरता है
फूल की तरह
कभी न कभी
'परायी' के लिए ही नहीं
'अपनी' के लिए भी
जो तोड़ती हैं 'तय' मर्यादाएँ
डराती हैं अपनी प्रतिभा से
या कि चुनौती बन जाती हैं
छिछले, मनबढ़, जले, हारे, डरे
पुरुषों का हथियार है ये शब्द
सोचती हूँ
किसने गढ़ा होगा यह शब्द
स्त्री की गरिमा के खिलाफ।

शराब खाने में स्त्री

शराबखाने के इतिहास में
यह पहली घटना थी
एक स्त्री ले रही थी
शराब की चुस्कियाँ
सबसे बेपरवाह
थकी हुई थी
शराब खाने के स्थायी ग्राहकों में
खलबली थी
—'विदेशी ब्रांड है देशी की भला क्या औकात?'
'रंग-रूप में एंग्लोइंडियन लगता है'
'नशा भी है या सिर्फ दिखता है'
कुछ धीरे-धीरे सरकने लगे स्त्री की ओर
स्त्री ने हिकारत से देखा
भर चुका था शराबखाना
उसने खाली कर दी जगह
अब फुसफुसाहटें आवाज थीं
—'आवारा लगती है, चाल देखी।'
'स्त्री के नाम पर दाग है दाग'
'और दो इन्हें आजादी।'
'अब न घर-परिवार बचेगा
न समाज-संस्कार'
'प्रलय करीब है'
कि आने लगी हैं अब
शराब खाने में स्त्रियाँ

किसी भी क्षेत्र को
सिर्फ पुरुषों के लिए
नहीं छोड़ेंगी क्या?
सोच रही थी स्त्री
देवताओं का सोमरस
राजस्व का आधार
प्रगतिशीलों की प्रगति
श्रमिकों का आराम
रंग महलों की जान
मर्दों की शान
शराब को छूते ही
क्यों स्त्री कुछ ऐसी हो जाती है
कि घसीटकर पबों से निकाली जाती है
साहब-बीबी-गुलाम की छोटी बहू-सी
ज़िन्दा दफन कर दी जाती है?

खतरनाक मुद्दा क्यों?

पूर्वांचल के अखबारों में
अक्सर ऐसी खबरें छपती हैं
जिसमें औरत होती है बच्चे होते हैं
और होती है **'भूख'**
'भूख' के कारण बच्चों के साथ
जहर खाकर कभी जलकर
कटकर तो कभी डूबकर मर जाती हैं औरतें।
लोग कुछ पल ठिठकते हैं अफसोस करते हैं
फिर चल देते हैं अपनी राह।

भूख से जुड़ी कुछ और भी खबरें होती हैं
जो चर्चा में रहती हैं कुछ दिन
उसमें भी औरत होती है बच्चे होते हैं
पर औरत बच्चों को छोड़कर भाग जाती है
उस **'भूख'** को अखबार **'हवस'** का नाम देते हैं
जिसके लिए एक-दो-तीन ही नहीं
कभी-कभी आठ बच्चों को भी
छोड़कर भाग जाती है औरत।

सोचती हूँ उन औरतों को
भूख तब क्यों नहीं सताती
जब होती हैं कुमारी
तब, जब उत्कर्ष पर होती हैं
यौवन के

क्या ढलने के बाद ही
अधिक सताती है देह की भूख?

मामला भूख का हो भी
तो क्या निर्दोष होता है
औरत का निर्दोष माना जाता पति
जिससे एक औरत की भूख नहीं सँभलती?
जिस समाज में पेट के लिए
स्त्री बिकती हो, समझौते करती हो
हत्या और आत्महत्या करती हो
वहाँ सिर्फ उसका भागना ही
इतना खतरनाक मुद्दा क्यों है?

देह तन्त्र में स्त्री का प्रजातन्त्र

माना कि तुम्हारे देश में
आजाद है स्त्री
कुछ भी करने को
उसे कोई कुछ नहीं कहता
वह रात-दिन के किसी भी समय
कैसे भी कपड़ों में
अकेली या भीड़ में
या किसी के भी साथ
आ-जा सकती है
घूम सकती है
पी सकती है
(सो भी सकती है)
पुलिस उसकी सुरक्षा के लिए है
पीकर गिर जाने पर
सुरक्षित जगह पहुँचाती है
जरूरत पर अस्पताल
सरकार को चिन्ता है उसके सेहत की
हर महीने मुफ्त निरीक्षण करवाती है
निरोधक सामग्रियाँ उपलब्ध कराती है
छोटे-बड़े कई रोजगार हैं उसके लिए
दुकान-रेस्तरां, बार, डिस्कॉथेक
मसाज-पार्लर, होटलों में
वेटर से मैनेजर तक बन सकती हैं
साइकिल-मोटर साइकिलों पर

फेरी लगा सकती हैं
सड़कों के किनारे फूल-खिलौने
सिगरेटें बेच सकती हैं
कहीं कोई दबाव, जोर-जबरदस्ती
या बलात्कार नहीं
न देह पर
न मन पर
ना ही जीवन पर
निश्चिन्त चेहरा देखकर लगता है
सुखी और सुरक्षित हैं तुम्हारी स्त्रियाँ
देश का अर्थतन्त्र उनके हाथ में है
'सैलानियों का स्वर्ग' कहते हो तुम
अपने देश को
क्या यह बता सकते हो
इस स्वर्ग में क्यों आते हैं अधिकतर
पुरुष सैलानी
क्या इसलिए नहीं कि अप्सराओं की तरह
कामनाओं को उत्तेजित फिर सन्तुष्ट करती
हर तरह की
हर कीमत की
हर तरह से पुरुषों का मन बहलाने को
उपलब्ध हैं स्त्रियाँ यहाँ
तन-मन
या कानूनी उलझन के बिना
सेक्स प्रजातन्त्र है यहाँ—यह भी कहते हो तुम
पर क्या इस प्रजातन्त्र में
स्वतन्त्र हैं तुम्हारी वे स्त्रियाँ
जो शो विंडो में पुतलों की जगह खड़ी रहती हैं
जिनके स्त्री-अंग ग्राहकों के चयन के लिए
दिखाए जाते हैं स्क्रीनों पर
दिन-भर कई काम करने के बावजूद

रात को ग्राहक तलाशती हैं
कैसी मजबूरी है
कि गाँवों से पुरुष
अपनी स्त्रियों को
शाम ढले छोड़ने आते हैं शहर
और सुबह ले जाते हैं
क्या उनके माथे पर शिकन न होना
स्त्री को बिना किसी कुंठा के
घर-परिवार में लौटा ले जाना
सेक्स प्रजातन्त्र है!
जिस तन्त्र में
टूरिज्म और अर्थव्यवस्था
स्त्री देह पर टिकी हो
गरीबी...मजबूरी...लाचारी
या सुविधाओं... साधनों के लिए
बिना भावना व एहसास के
स्त्री देह बिकती हो
उसे प्रजातन्त्र तुम भले कहो
वह स्त्री का प्रजातन्त्र
कभी नहीं हो सकता।

साइनबोर्ड

मूँछें आगे हैं
घूँघट पीछे
प्रधानी चुनाव के लिए दाखिले का दिन है
मूँछें प्रचार कर रही हैं
हाथ जोड़े खड़ा है घूँघट
हर गाँव में यही हाल है
परम्परावादी हैरान—
'घर की इज्जत यूँ चौपाल पर'
प्रगतिशील परेशान—
'ऐसी प्रगति अचानक!
मूँछें तो हैं वही सदियों पुरानी
मर्दों की आन-बान-शान
छीन रखा है जिन्होंने
औरत का चेहरा घूँघट के नाम'
मूँछें बदली नहीं हैं
समय के हिसाब से बदल लिया है बस
आकार-प्रकार
आचार-विचार
बोली-व्यवहार
गाँव पर काबिज़ रहने का
यह नया तरीका है
घूँघट इस बात से अनजान है

मूँछें नाच रही हैं

जीता है घूँघट
उत्सव का माहौल है
बँट रही हैं मिठाइयाँ
ले-देकर घूँघट भी खुश है
घूँघट घर में चूल्हा जला रहा है
मूँछें चौपाल में जश्न मना रही हैं
सामने खुली पड़ी हैं बोतलें

देर रात डगमगाती घर लौटी हैं मूँछें
घूँघट को सोता देख चिल्लाई हैं
थरथराता घूँघट अब जमीन पर है
सीने पर सवार हैं मूँछें
बाहर साइन बोर्डों पर
घूँघट सवार है।

तुम्हें क्या मिला द्रोपदी?

पौत्र को सौंपकर राज-पाट
पाण्डव चले हिमालय
संग थी द्रोपदी
जो सबसे पहले बर्फ में गली
स्त्री थी कोमल थी
चढ़ाई कठिन थी
इसलिए नहीं
कहते हैं—'पाप किया था
पति थे पाँच
प्यार अर्जुन को अधिक दिया था'
सच तो ये भी था
कि द्रोपदी ने सिर्फ अर्जुन
को वरा था
वह तो व्यवस्था थी
जिसने लाद दिये उस पर
चार अतिरिक्त पति
द्रोपदी ने निभाया धर्म
तन बाँट दिया
कैसे बाँटती मन
जो जपता था हर पल
अर्जुन-अर्जुन
अब ये भी पाप था
शोषित को ही शाप था
हा, द्रोपदी तुमने क्यों न सुनी

सिर्फ मन की बात
निभाकर धर्म तुम्हें क्या मिला
उपेक्षित रहा नाम द्रोपदी
ऊपर से उपहास कि थी एक स्त्री
जिसके थे पाँच-पाँच पति।

दोषी कौन है?

'आज से नहीं पचेगी स्त्री के
पेट में कोई बात'
दिया युधिष्ठिर ने माँ कुन्ती को शाप
क्योंकि उन्होंने कर्ण की बात छिपाई थी
मानो स्वीकारने से मान लेते पिता
उन्हें कुलवंती पुत्री
पति पतिव्रता स्त्री
पुत्र साध्वी माँ
और प्रजा भली राज माता।
कुन्ती जानती थी यह सच
कि कोई भी हो काल
समाज
वर्ग
जाति
धर्म-सम्प्रदाय
धरती, आकाश, पाताल
मान्य नहीं है
स्त्री का स्वतन्त्र प्रेम
और उसका परिणाम।
जानती थी कुन्ती
पिता नहीं मानेंगे
कर्ण को वरदान
नपंसुक पति के
पौरुष का होगा वह अपमान

पुत्र शर्मिन्दा होंगे
प्रजा माँगेगी बलिदान
तभी पल-पल वह दुःख की आग में जली
पुत्र को लगाने गले आगे नहीं बढ़ी
आज भी समाज अहंकार में अड़ा है
और कर्ण कचरे में पड़ा है
कुन्तियाँ आज भी मौन हैं
प्रश्न है कि दोषी कौन है?

द्रोपदी और सभा

नये हस्तिनापुर में एक बार फिर पुरानी घटना दुहराई गयी। इस बार द्रोपदी घसीटकर नहीं, सम्मान से बुलाई गयी। मंशा थी वही देखने को अग्निगर्भा को अपमान में निर्वसन। द्रोपदी को कुछ-कुछ सन्देह था, पर भरोसा था खुद पर कि कर लेगी सामना चाहे जैसी आये परिस्थिति। सभा शुरू हुई और अपने-अपने क्षेत्र के महारथी देहबल से नहीं बुद्धिबल से एक-एक कर खींचने लगे द्रोपदी की चीर। वे देखना चाहते थे महाभारत की द्रोपदी की तरह आज की द्रोपदी को भी निस्तेज, बेवश, लाचार। थे आश्वस्त भी कि नहीं है कलयुग में कोई कृष्ण जो बचाने आएगा स्त्री की लाज। इसलिए और भी शेर हो रहे थे वे, जो दरअसल सियार थे। अपनी कुंठा, बदसूरती, कायरता को छिपाने के लिए रंग लिया था खुद को यानी कि रंगे हुए सियार थे। द्रोपदी सोच रही थी कि ये जो महारथी बन उस पर जोर आजमा रहे हैं, उनमें से कई तो उसके चरणों में सिर रख गिड़गिड़ा चुके हैं। उसके इनकार का बदला लेने को साज़िशन आज एक जुट हुए हैं। एक अकेली स्त्री को पराजित करने के लिए इतने पुरुषों का संगठित प्रयास! शक्ति रूपा स्त्री को नग्न करने की फिर भी आस! वे महारथी हँस रहे थे, मुस्कुरा रहे थे, विजयी भाव से। भूल गये थे शायद वह आज की द्रोपदी है, जिसने प्रसाद की तरह बँटने से भी इनकार किया है। उसे ही अपनाया है जिससे प्यार किया है। मुहताज नहीं कृष्ण की, अपनी कृष्ण खुद है। स्त्री की शालीनता में कब तक निर्लज्जता को सहती? सियारों की हुँआ-हुँआ शेरनी कब तक सहती? वह दहाड़ी तो सभा हिल उठी। महारथी सियार हुए और सभा विसर्जित हुई।

कोढ़ी और चाँद

उस दिन पूर्णिमा थी। दमक रहा था चाँद अपनी खूबियों के साथ। नीचे धरती पर जमा थे एक जगह कुछ कुष्ठ रोगी। ऐसे वैसे कोढ़ी नहीं थे वे। पढ़े-लिखे थे। वक्ता, आलोचक, कवि, कहानीकार थे उनमें से कई। अपने-अपने क्षेत्र में कुछ तमगे भी पा चुके थे। चाहे किसी भी 'भेद' से, पर अपने कोढ़पन के कारण नहीं पहुँच पाये थे, अब तक उस ऊँचाई पर, जहाँ दमक रहा था चाँद अपनी खूबियों के साथ। उन्हें चाँद पर गुस्सा था। उसकी चमक चुभ रही थी उन्हें। एक ने, जो आलोचक था कहा—"देखो तो इस चाँद को मुझे नैन, बैन, सैन से कोशिश में है रिझाने की, ताकि मैं कुछ लिखूँ इसकी प्रशंसा में, पर मैं तो लिखने से रहा।" चाँद सोचता रहा उसकी गली हुई अँगुलियों को दया से देखता "ये तो लिख चुका है शराब के दो पेग के बदले जिस किसी ऐरे-गैरे पर भी।" कहा दूसरे कोढ़ी ने—"कितना बेशरम है चाँद। चमक रहा है ऐसे, जैसे चमक हो इसकी अपनी ही। सूरज से खींचकर ली हुई रोशनी पर इतना गुमान!" चाँद मुस्कुराया आदमी कब लेकर आता है माँ के पेट से कोई चमक। अर्जित करता है धरती से ही कहीं न कहीं। कहा तीसरे से—"बड़ा अराजक है हर जगह पहुँचता है।" चौथे ने तीर मारा "दागदार है अपने कुकर्मों से।" पाँचवें ने हवा दी—"सौन्दर्य प्रेमियों ने बढ़ा दिया है इसका दिमाग, वरना इसकी क्या औकात! हमें देखकर हँसता है।" छठे ने ऐलान किया—इसे खारिज़ कर देना चाहिए आकाश से—तभी बचेगा नीला स्वच्छ आकाश।" सबने लिया समवेत निर्णय, निन्दा की जाए इस चाँद की, थूका जाए इस पर। इधर चाँद प्रार्थना कर रहा था ईश्वर से कि कर दे इनकी कुरूपता का अन्त कि खत्म हो सके इनकी कुंठा। उधर एक-एक कर सभी कोढ़ी थूक रहे थे चाँद पर। अनजान इस बात से कि गिर रही है थूक खुद उनके ऊपर। वे खुश थे कि कर दिया है गन्दा उन्होंने चाँद को। चाँद वैसे ही दमकता रहा। उनके लिए करता रहा प्रार्थना। उस दिन पूर्णिमा थी। दमक रहा था चाँद अपनी खूबियों के साथ।

एक 'व्यक्ति' माँ की चाहत

बेटे
तुम नाराज हो मुझसे
क्योंकि नहीं दिखती तुम्हें
मुझमें एक पारम्परिक माँ
हल्दी-तेल से सनी
दड़बे में कैद
तुम्हारे लिए जीती-मरती
तुम्हें नहीं भाता
माँ का 'व्यक्ति' होना
हालाँकि उस सा 'व्यक्ति'
बनने की चाह है तुममें भी
जानते हो तुम
मुश्किल होता है
किसी का 'व्यक्ति' बनना
नहीं जानते
कि स्त्री का 'व्यक्ति' बनना
पुरुष के 'व्यक्ति' बनने से
हजार गुना ज्यादा मुश्किल होता है
और बने रहना तो और भी
बचपन से ही ढाला जाता है उसे
अलग-अलग साँचों में
समझा 'मादा' ही जाता है
वह सब कुछ हो सकती है
'व्यक्ति' नहीं हो सकती

इसके लिए बनाये गये हैं नियम
जिसे धर्म की तरह धारण करती
स्त्री कल्पना भी नहीं करती
कि बने वह एक 'व्यक्ति' भी
मैं भी ढाली गयी साँचों में
बेटी, बहन, पत्नी और माँ बनी
और समझती रही
यही है स्त्री का कुल संसार
तुम्हें पाला कोख में
जैसे सीपी मोती को
तुम्हारी शिशुता से
होता रही निहाल
मानती रही सम्पूर्णता स्त्रीत्व की
मैं भी वैसी ही माँ थी
जिसे नहीं होती है चाहत
फिर भी छीन लिए गये तुम मुझसे
जैसे किराये की कोख हो मेरी
उठौने का हो दूध
खाली सीपी सी उदास अबला की
'व्यक्ति' बनने की यात्रा शुरू हुई तब
जिसके दण्ड स्वरूप छीन लिए गये
सारे अधिकार सम्बोधन... उपाधियाँ
खुश हूँ मैं
कि 'मादा' से व्यक्ति बनी
अब लौटे हो तुम
स्त्री को 'मादा' समझने वाले
पितृसत्ता के संस्कारों में पलकर
मेरी ममता ने मन से स्वीकारा है तुम्हें
पर तुम्हें खल रहा है मेरा 'व्यक्ति' होना
तुमने आरोपों की झड़ी लगा दी है मुझपर
तुम चाहते हो देखना मुझे उसी

पुरानी माँ की भूमिका में
अब मेरा दायरा बढ़ चुका है, बेटे!
मेरी ममता के घेरे में अब
धरती का हर बच्चा है
दुनिया बदलने की लड़ाई में
मेरा भी हिस्सा है
कलम का हथियार लिए लड़ रही हूँ युद्ध
तुम भी आओ साथ लड़ो
बेटे के रूप में नहीं
साथी रूप में तुम्हारा स्वागत है।

मेरा स्लोगन

पुरुष ने स्त्री को कहा—वेश्या
मुझे अजीब न लगा
लेखक ने लेखिका को कहा—छत्तीसी
फर्क न पड़ा
नया क्या है
सदियों से पुरुषों ने
कहा है स्त्रियों को यह
परम्परा है
रिवाज़ है
शान है
आसान है।
स्त्री ने स्त्री को कहा—वेश्या
मैं बदली बनी
लेखिका ने दूसरी लेखिका को कहा—छत्तीसी
मैं बरस पड़ी
और धुलकर पसर गया
बरसों की मेहनत से लिखा
मेरा स्लोगन—स्त्री नहीं होती स्त्री की शत्रु।

क्या कोई ऐसा भी क्षेत्र है?

घर में कहीं मर गया है चूहा
बदबू के मारे सब परेशान हैं
गृहिणी खोज-खोज हलकान है
कई बार डाँट चुके हैं पति
चिल्ला चुके बच्चे
छुट्टी का दिन है
सबकी मस्ती में व्यवधान है
झुँझलाकर पति पड़ोसी के घर
बच्चे निकल गये पार्क
भूख लगी लौटे
देखा गृहिणी वैसे ही परेशान है
—बच्चो तैयार हो जाओ
चलो, होटल में खा आते हैं
यहाँ तो साँस लेना मुहाल है।
पति ने पत्नी को सुनाकर बच्चों से कहा
किसी की नहीं जिम्मेदारी
कि वे भी ढूँढ़ें चूहा
ये तो बस गृहिणी का ही काम है
जिन्दा था चूहा
तब भी अपराधी भी वही
मर गया तब भी
किसी को नहीं फिक्र
उसकी भूख-प्यास और परेशानी की
हो भी क्यों

क्या इतना कम है
कि कहलाती है गृहलक्ष्मी
सोचती हूँ—क्या कोई ऐसा भी क्षेत्र है
जहाँ स्त्री निर्दोष है।

एक आलोचक मित्र के लिए

जब वे मंच से बोलते हैं
देखती रह जाती हूँ उनका चेहरा
कितनी विद्वत्ता! कितना तेज!
क्या ये वही हैं
जो अकेले में
स्त्री के सामने नंगे हो जाते हैं
सहानुभूति की भी कीमत चाहते हैं।
जिसकी देह और मन पर हों काबिज़
उसी का गुणगान करते हैं
घर-बाहर
साहित्य-संस्कृति, हर कहीं
स्त्री आम या खास
घरेलू या रचनाकार
खटखटाए उनका द्वार यही चाहते हैं
आखिर स्त्री के प्रति इतने सामन्ती क्यों होते हैं
ये प्रगतिशील विद्वान वक्ता?

नारीवाद के फ्रेम में पुराना फोटू

नारीवादी लेखिका ने भेजा है
रचना के साथ
नयी उम्र वाला पुराना फोटू
देख-रेख कर मजाक बना रहे हैं
पुरुष सुनाते हुए एक-दूसरे को
स्त्री की उम्र से जुड़ी कहानियाँ
कुढ़ रही हूँ अकेली मैं
आखिर क्यों नहीं निकल पाती
स्वतन्त्र स्त्री भी
उम्र के प्रपंच से बाहर
लेखक तो नहीं करते ऐसा
क्या इसलिए कि...
जानते हैं
रचना और फोटू का आपस में
कोई रिश्ता नहीं होता
कि देखी नहीं जाती पुरुष की उम्र।
कि पौरुष ही है युवापन की गारंटी।
सोचती हूँ
स्त्री क्यों नहीं जान पाती
कि वह प्रकृति है
जिसमें परिपक्वता अधिक मायने रखती है
कच्चेपन से
कच्चापन लुभाता है
उम्मीद जगाता है

पका ही काम आता है
क्यों नहीं जान पाती
कि उम्र का मुहताज नहीं है
उसका कृतित्व
व्यक्तित्व
और अस्तित्व।
आखिर जिस देह से
मुक्ति का सपना है
उसकी उम्र से आसक्ति क्यों
काट रही जिन शृंखलाओं को
उन्हीं से प्रीति क्यों?

नहीं बन सकती पुरुष

चेहरे पर
मूँछें उगाकर
सिर पर
बाँधकर पगड़ी
पहन कर
पुरुषों के वस्त्र भी
नहीं बन सकती पुरुष
मकई रानी!
नहीं बदल सकती
अपनी नियति
नहीं बचा सकती
खुद को
भूने
पीसे
और सेंके जाने से...।

एक ख़बर को पढ़कर

तुम खुशकिस्मत थीं
नहीं मारा गया तुम्हें कोख में
लड़की होने के बावजूद
जन्म लिया
पली-बढ़ी
पाया शिक्षा का अधिकार
भाई से थोड़ा कम ही सही
तुमने सीखा साइकिल के साथ
चलाना क़लम और ज़ुबान
खुशकिस्मत थीं तुम
जानती थीं नहीं मिलेगा
प्रेम का अधिकार
इसलिए वही किया
जो करती आयी हैं प्रेम चाहने वाली लड़कियाँ
छिपकर किया प्रेम और खुश हुई
कुदरती हक छीनकर
नहीं जानती थी
पचा नहीं पाएगा यह आजादी
तुम्हारा आधुनिक प्रेमी
जिसके लिए प्रेम हथियार
लड़की शिकार है
प्रेम के विश्वास में चली आयी
अभिसारिका सी मिलने
शहर के वीरान इलाके में

जहाँ नोची गयी तुम्हारी देह
कुचल दिया गया दिमाग
आज पड़ी है इस निर्जन स्थान पर
बेपहचान-विद्रूप एक लोथ
जिसे नहीं मारा गया था कोख में
लड़की होने के बावजूद।

भटकती लड़कियों के लिए

मैंने तुम्हारे पिंजरे का दरवाजा
इसलिए नहीं खोला था लड़कियो
कि अपनी मर्जी के पिंजरे चुनो
नहीं है मोबाइल इसलिए हाथ में
कि 'डेट' की डेट फिक्स करती फिरो।
खुश हुई थी आकाश की ओर उठे तुम्हारे हाथों को देखकर
इसलिए नहीं कि धरती पर जीना छोड़ दो।
पढ़ना सीखा है तो मत पढ़ो सिर्फ
चिड़ीमारों के अश्लील एस.एम.एस.
पढ़ो हजारो-हजार साल की स्त्री का इतिहास
कि कितनी कीमत देनी पड़ी उन्हें आजाद होने के लिए
देह तुम्हारी है मतलब यह नहीं
कि देह का ईमान छोड़ दो।
पंख मिले हैं तो पंखों को तोलो फिर उड़ो
छू लो क्षितिज का छोर
यह नहीं कि दलदल में जा गिरो
कब कहा कि न करो तुम प्रेम
चाहा यह नहीं कि सम्मान छोड़ दो।
जानती हूँ हो गयी हो इतनी वाचाल
कि कह सको होती कौन हूँ मैं
तुम्हें देने वाली वह अधिकार
जिस पर हक़ है तुम्हारा कुदरती
तो सुनो मैं भी
तुम्हारा ही एक रूप हूँ लड़कियो।

क्यों मैना गाली बकती है?

दो घरों के बीच
एक दीवार थी
दीवार के इस पार
पिंजरे में तोता था
उस पार मैना
एक दिन दोनों ने
एक-दूसरे को देखा
मुस्कुराए
तोते ने कहा—नमस्कार
मैना बोली—आदाब
फिर शुरू हुई उनकी प्रेम कहानी
दोनों की आँखों में पलने लगा
एक ही सपना 'आजादी' का।
एक रात
मैना पिंजरे का दरवाजा खोल
तोते के पास आयी
बोली—तुम भी बाहर आओ
फिर उड़ चलेंगे
सपने को साकार करेंगे
तोता बोला—'तुम आ जाओ ना
मेरे पिंजरे में
देखो, यह कितना बड़ा है
सोना-चाँदी का है
सुख-सुविधाओं से भरा है

तुम्हारा पिंजरा तो लोहे का था
छोटा था
उसको छोड़ना ही अच्छा था'
मैना को झटका लगा—
'क्या कहते हो तोते
पिंजरा तो पिंजरा होता है
चाहे छोटा हो या बड़ा
लोहे का हो या सोना-चाँदी का
फिर हमारा सपना तो मुक्त आकाश था
तोता लगा गिनाने
मुक्त आकाश की बाधाएँ
बोला—'मेरा तो यही सपना था
कि तुम अपना पिंजरा छोड़कर
मेरे पिंजरे में आओगी।'
मैना क्रुद्ध हुई—
मैंने तेरे पिंजरे में
कैद होने के लिए
नहीं छोड़ा था अपना पिंजरा
पिंजरा तुम्हें ही मुबारक! कायर!
और उड़ चली अकेली मुक्त आकाश में
कहते हैं तभी से तोता
टें-टें कर अपनी कायरता पर रोता है
और मैना गाली बकती है।

कंडीशनिंग

बच्चे को स्कूल में दाखिला दिलाने आयी
स्त्री से पूछ लिया मैंने—'आप क्या करती हैं?'
शर्मिन्दगी से नजरें झुकाकर बोली वह
—'कुछ नहीं करती'
देखती रह गयी मैं उसका चेहरा
सुबह से देर रात तक खटती
सबके जगने से पहले जगती
सोने के बाद सोती
हारी-बीमारी में भी मरती-खपती
स्त्री कुछ नहीं करती
(अपनी भी नजर में)
सुनती आयी थीं अब तक पुरुषों से ही
'कौन सा पहाड़ तोड़ती हैं
घर में स्त्रियाँ'।

उत्तराखण्ड की घसियारन ललमुनिया

•

चढ़ रही है ललमुनिया
पहाड़ी की सबसे खतरनाक चोटी
फिसलन भरे रास्तों को पार करती
साड़ी को घुटनों
झुल्ले को बाँहों के ऊपर कसे
पीठ पर बाँधे चादर
कमर में खोंसे हँसिया
छिलते घुटनों, कुहनियों
हथेलियों से बेपरवाह
नंगे पाँव चढ़ रही है ललमुनिया
खड़ी शक्ल की पहाड़ी पर
नीचे हैं गहरी खाइयाँ
गिरकर जिसमें हर साल दफ़न हो जाती हैं
कई ललमुनिया
कई होकर अपंग, उपचार
और मुआवजे को तरसती हैं
जिनकी प्रजा हैं
वे भी कब सुनते हैं उनकी आवाज!
ललमुनिया नीचे नहीं देखती है बस ऊपर
मीलों पहाड़ी पर चढ़ती जाती है
जहाँ घास से लकदक चोटी है
तेजी से काटती है घास
घास से आती है रोटी-दाल की खुशबू
बच्चों की हँसी

मवेशियों की तृप्त डकारें!
जा चुकी है बरसात
खत्म हो चुकी है
गाँवों के आस-पास की घास
नहीं बचे भीमल, खड़ीक, कचनार
तिमला के पेड़ों के हरे पत्ते भी
चलो, कट जाएगा जाड़ा इन घासों की बदौलत
सोचती हुई ललमुनिया लाद लेती है
साठ किलो घास अपनी पीठ पर।
उतर रही है ललमुनिया
अपनी वज़न से ज्यादा वज़न
पीठ पर लादे खड़ी पहाड़ी से
उतरना चढ़ने से ज्यादा ख़तरनाक है
चारे के जुगाड़ की यात्रा
बन सकती है अन्तिम यात्रा
जानती है ललमुनिया
फिर भी अभी कई दिन
चढ़ेगी-उतरेगी वह।
ललमुनिया अपढ़ है
छीलती-काटती है घास
रोटी की जुगाड़ में गुजार देती है उमर
नहीं करती स्त्री अधिकारों की बात
उसके सपने आज भी श्वेत-श्याम हैं
रंगीन नहीं हुए सिनेमा और टी.वी. के
रंगीन युग में।
सोचती हूँ
ललमुनिया की समस्या
क्यों कोई मुद्दा नहीं है
स्त्री विमर्श के इस युग में भी!

जन-गण-मन अधिनायक जय हो

मैली बस्ती में रहती है फूलमतिया
बनाती है
मसालेदार लज़्ज़तदार पापड़
अलस्सुबह खाकर चटनी भात
बैठती है जो काम पर
ढल जाती है शाम
खटती है तेरह घंटे रोज
रात को टूटता है पोर-पोर
गर्म पापड़ सी हो जाती है उसकी देह
सुबह होते ही फिर वही काम।
कमा लेती है हर महीने हजार-दो हजार
जिसे छीन लेता है पगार के दिन उसका मरद
फिर भी कुछ छिपा ही लेती है
और खुश हो जाती है
नहीं ताकना पड़ेगा मुँह शराबी पति का
टिकुली... सेन्दूर के लिए।
फूलमतिया की बस्ती की दूसरी औरतें भी
बनाती हैं पापड़, खिलौने, छोटे-मोटे पुर्जे
कालीन, काँच, बीड़ी, माचिस जैसा कुछ
और फूलमतिया जैसा ही है उनका भी हाल
हर रात पीकर आता है मरद
चिल्लाता है, पीटता है, गाली बकता है
खुद को घर का मालिक कहता है।
बस्ती के मरद कभी-कभी काम पर जाते हैं

उनसे कम घंटे काम कर अधिक दिहाड़ी पाते हैं
इसलिए औरत पर धौंस जमाते हैं।
नहीं जानतीं ये औरतें
देश में बराबर काम के लिए
बराबर मजदूरी का कानून है
नहीं जानतीं
अरबों-खरबों के व्यापार की रीढ़ हैं वे
संविधान और गणतंत्र के बारे में बिल्कुल नहीं जानतीं
अधिकार, अस्तित्व की लड़ाई नहीं लड़तीं
जीवन भर हाड़-तोड़ मेहनत करती हैं
और असमय बूढ़ी हो मर जाती हैं
जिस देश में करोड़ों फूलमतिया हों
कैसे कहें
जन-गण-मन अधिनायक जय हो।

क़जरी और क्रीम

'चार दिन में ही खतम हो जाती है
यह गोरेपन की क्रीम
फिर भी नहीं होता जरा-सा भी रंग साफ
ना ही होते हैं मुलायम
ये खुरदुरे हाथ-पाँव'
झल्लाती हुई कहती है आदिवासी युवती कजरी
जो सोचती है रंग बदलते ही बदल जाएगी
उसके आस-पास की बदहाल दुनिया
नहीं जानती कजरी कि मासूम निर्दोष जीवों से
छीनकर ज़िन्दगी की चमक
चमकीले दिखते हैं सौन्दर्यवर्धक प्रोडक्ट
जिन्हें लगाकर अभिमान से भर
गुड़िया बन जाती हैं अमीर स्त्रियाँ
'बीच की' परेशान होती हैं बिगाड़कर बजट
गरीब कजरी की तरह सपने देखती हैं
कजरी नहीं जानती
रंग-बिरंगी शीशियों में नहीं है
रंग-रूप और तकदीर बदलने की ताकत
वह तो है उसके काले रंग
खुरदुरे हाथ-पाँवों और मजबूत जिस्म में
जिसे कुदरत ने बख्शा है उसे नेमत की तरह
नहीं जानती कि उसके जैसी सुन्दरियाँ
पा ही नहीं सकती
रैंप पर कैटवॉक करती सुन्दरियाँ

जिनकी त्वचा नहीं सह सकती
सूरज का हल्का ताप भी
वे जो दिखाती हैं उसमें सबकुछ है
सिवाय जिन्दगी के
स्वाभिमान के
और औरत के
कजरी को जानना चाहिए
कि वह बनना चाहती है जिनकी तरह
वे नकली सफेदी वाले संसार के
चमचमाते प्रोडक्टों के बीच
खुद एक प्रोडक्ट हैं
जिनका बाजार भाव कभी भी गिर सकता है
जानना चाहिए कजरी को
कि रातो-रात सब कुछ बदलने का चमत्कार
बढ़ाता है सिर्फ उत्पादकों के चेहरे की चमकार
कजरी को बढ़ानी चाहिए
अपनी सुन्दरता सान्ध्य-कक्षाओं में जाकर
यह जानकर कि कैसे बढ़ रही हैं अपने बूते
उसकी बहनें दुनिया में निरन्तर
तभी तो मार सकेगी थप्पड़
उस ठेकेदार के मुँह पर
जो करना चाहता है गोरेपन की
क्रीम के बदले
उसकी काली देह का सौदा।

औरत

औरत
मुट्ठियों में
ढेर सारे सपने लिए
आज भी खड़ी है
किसी सुबह के
इन्तजार में

औरत
जिसके पैरों के नीचे
अपनी जमीन नहीं
आकाश की तरफ
उठाए हुए है हाथ

औरत
बिलखती है
प्रेम की भीख माँगती हुई
उन्हीं बाँहों में
जो समेटती है
सिर्फ शरीर

औरत वर्षों से
सोयी हुई जगी है
उसी पुरुष के पास
जो नहीं पहचानेगा उसे
दिन के उजाले में।

मजदूर स्त्री

आइसक्रीम वाले की घंटी
मेरे मस्तिष्क में ही बजती है
झल्ला उठती हूँ, चिल्ला उठती हूँ
पर वह बजाता ही चला जाता है
रोजी-रोटी जो ठहरी
मैं भी क्या करूँ?
बच्चों को समझाते थक जाती हूँ
दाँत खराब होगा
पेट खराब होगा
बुखार होगा, इन्जेक्शन लगेगा
पर वे मानते नहीं
मेरा बहाना सुनते नहीं
उन्हें क्या मालूम
मेरे पास पैसा ही नहीं।

एक लोकगीत को सुनकर

राजा ने आकाश में उड़ती मैना का शिकार किया
बाँधकर घर लाए
घर वालों को पकड़ने की वजह बताई
इसके पूर्व जन्म का करम ही ऐसा था
कि मुझे शिकार का धर्म निभाना पड़ा।
जबकि राजा को बौड़म बेटे के लिए
जीती-जागती मैना की दरकार थी
घर के पिंजरे में कैद, आज्ञाकारिणी
उड़ती मैना से उन्हें चिढ़ थी
राजा ने बेटे से कहा—ले जाओ इसे और खेलो
राजकुमार ने मैना के पंख नोच लिए
और कहा—उड़ो
पंख बिना मैना कैसे उड़ती
झल्लाकर राजकुमार ने मैना के पैर तोड़ दिए
और आदेश दिया—नाचो
मैना नाच न सकी
गुस्से से पागल हो उठा राजकुमार
मैना का गला दबाकर चीखने लगा
—गाओ...गाओ...गाओ
मैना निष्पन्द पड़ी थी
राजकुमार रोने लगा
कि गुस्ताख मैना ने नहीं मानी
उसकी एक भी बात
इससे अच्छी तो चाभीवाली मैना थी

राजा आये और राजकुमार को समझाने लगे
—तुमने नहीं सीखी अभी तक
स्त्री साधने की कला!
कुछ और नहीं करना था
बस दिखाते रहना था
मुक्ति का स्वप्न।

पिता का आना

जब मैंने तुम्हें पिता कहा
हँस पड़े तुम मजाक मानकर
जबकि यह सच था
तब से आज तक का
जब पहली बार मिले थे तुम
तुम्हारा कद, चेहरा
बोली-बानी, रहन-सहन
सब कुछ अलग है पिता से
फिर भी जाने क्यों
तुम्हारी दृष्टि
हँसी
स्पर्श
और चिन्ता में
पिता दिखे मुझे
मेले में तुम्हारी अँगुली पकड़े
निश्चिन्त घूमती रही मैं
पूरी करवाती रही अपनी जिद
मचलती, रूठती, तुरत मान जाती रही
तुम निहाल भाव से
मुझे देखते और मुस्कुराते रहे
मैंने यह कभी नहीं सोचा
कि क्या सोचते हो तुम मेरे बारे में
तुमने भी नहीं चाहा जानना
कि किस भाव से इतनी करीब हूँ मैं

आज जब तुमने कहा मुझे 'प्रिया'
मैंने झटक दिया तुम्हारा हाथ
कि कैसे कर सकता है पिता
अपनी ही पुत्री से प्यार
मैं आहत थी उस बच्ची की तरह
जिसने देख लिया हो
पिता की आँखों में व्यभिचार
नाराज हो तुम भी
कि समवयस्क कैसे हो सकता है पिता
कैसे कर सकता है इतना प्यार
एक कल्पित रिश्ते को
निभा सकता है आजीवन
तुम दूर जा रहे हो मुझसे
मैं दुःखी हूँ
तुम्हारा जाना पिता का जाना है
जैसे आना पिता का आना था।

खैनी खाती है माँ

घर लौटते ही
भाइयों ने शिकायत दर्ज़ कराई है
कि माँ खैनी खाती है
देखा जब माँ को
बना रही थी वह खैनी
अपने कमरे के एकान्त में
चुपचाप बैठी अकेली
डिबिया से सुरती के तीन छोटे टुकड़े
चुनौटी से चूना निकाल
रखा उसने बायीं हथेली के बीचो-बीच
फिर मलने लगी दाहिने हाथ के अँगूठे से
बीच-बीच में ठोंकती भी जाती
देखते ही मुझे ठहाका लगाया
'तीन चुटकी तेरह ताल
तब देखो खैनी का हाल'
और ठोंका अन्तिम बार खैनी को
दाहिने हाथ की चिटुकी से उठाकर
दबा लिया अधरोष्ठों के बीच
व्यवस्थित कर जीभ से
बतियाने लगी मज़े से
'माँ क्यों ऐसी चीज खाती हो
जिससे भाइयों की इज्जत जाती हो'
गम्भीर हो गयी माँ
—उनकी इज्जत अब मेरी

हर बात से जाती है बेटी
हँसने-रोने, जागने-सोने
खाने-पीने, घूमने-बतियाने सबसे
एक बात पूछूँ तुमसे
बड़ा पीता है शराब
मँझला सिगरेट
छोटा जाने क्या-क्या
क्या मुझे बुरा नहीं लगता
मेरी इज्जत नहीं जाती?

माँ क्षमा करना

इस कठिन समय में
कम पड़ गयी है
धरती पर
ठहरने... रहने
और सुकून की जगहें
बड़ी मुश्किल से
मिली है मुझे
सिर छुपाने की जगह
मुश्किल है जहाँ
देह
मन
आत्मा को एक साथ
रखना भी
अब कहाँ रखूँ मैं
तुम्हारे संस्कारों की गठरी
क्षमा करना माँ
फेंक रही हूँ
इसे...।

माँ

अद्‌भुत दृश्य था
आगे रिक्शे पर
ग्वाले की गोद में
बीमार बछड़ा था
पीछे दौड़ती हाँफती गाय
जो पहुँच ही गयी पैदल
माँ ऽ हूँ... माँ ऽ हूँ करती
लम्बी दूरी तय कर अस्पताल
गेट पर रोक लिए जाने पर
छटपटाती-चिल्लाती
आँसू बहाती इन्तजार करती रही।
बछड़े के लौटने का।

हरी घास पर क्षण भर

मन्तव्य चाहे जो भी रहा हो
पंक्तियों के रचयिता अज्ञेय का
परिभाषित हैं आज नये अर्थ में
पियराये, सुखाये, जर्जराये रसिकों द्वारा
'सौ बरस की जिन्दगी से अच्छे हैं
प्यार के दो-चार पल' जैसा
वे तलाशते हैं हरी घास
जिस पर बिताकर कुछ क्षण हरे हो सकें
(फिर चाहे सूख ही जाए घास)
वे दर्शन गढ़ते हैं—'प्रेम स्वतन्त्र होता है
बाँधता नहीं'
उनके भरे-पूरे जीवन में जगह जो नहीं होती बन्धन की
काफी होता है क्षणभर का साथ उनके लिए
जिसकी स्मृति अविस्मरणीय
बताते हैं
पर क्या हरी घास के लिए भी
काफी होती हैं क्षण-भर की स्मृतियाँ
कट सकती है आसानी से
स्मृति के सहारे ज़िन्दगी
कि नियति ही है
हरी घास की क्षण भर!

फेसबुक पर स्त्री

कुछ ने संस्कृति के लिए खतरा बताया
कुछ के मुँह में भर आया पानी
कुछ ने बेहतर कहा
तो कुछ ने सिर-दर्द
कुछ हँसे—इनके भी विचार?
कुछ सपने देखने लगे
कुछ दिखाने लगे
कुछ के हिसाब से प्रचार था
कुछ के विचार
कुछ दबी जबान व्यभिचार भी कह रहे थे
हैरान थी स्त्री
इक्कीसवीं सदी के पुरुषों की मानसिकता जानकर
देह से दिमाग
मादा से मनुष्य की यात्रा में
नहीं है पुरुष आज भी उसके साथ
कुछ को उसने फेसबुक से हटा दिया
हटने वाले कुछ झल्लाए
कुछ इल्जाम लगाए
कुछ चिल्लाए—एक औरत की ये मजाल!
स्त्री ने भी नहीं मानी हार
सोच लिया उसने
बदल कर रहेगी वह
फेसबुक की स्त्री के बारे में
पूर्वाग्रहियों के विचार।

मेट्रो में महिला केबिन

पुरुष नाराज हैं
कि मेट्रो में महिला केबिन बन गये
ज्यादा नाराज हैं
कि उनके केबिनों में भी
महिलाओं के लिए आरक्षित जगह है
वे चाहते हैं
पुरुषों के भी ऐसे केबिन बनें
जहाँ महिलाएँ प्रवेश न कर सकें
वे कहते हैं—कितनी ज्यादती है पुरुषों के साथ
कि आपातकाल में भी नहीं रख सकते
महिला केबिन में पाँव
भले ही केबिन पूरी तरह खाली हो
और वे जब चाहें घुस आएँ
जनरल केबिनों में साधिकार
दोनों केबिनों के बीच
जो (बाघा) बार्डर है
होती है लगभग रोज ही लड़ाई
स्त्री-पुरुष के बीच
स्त्री का पक्ष है
कि मेट्रो की भीड़ में
महिलाओं के बीच वे सुरक्षित हैं
अभद्रता छेड़खानी
अवसर देख मनमानी
नहीं कर पा सकने से

पुरुषों में बौखलाहट है
मैं चिन्तित हूँ
निरन्तर बढ़ती जाती
इस विभाजक रेखा से
बार्डर के दोनों तरफ
एक-दूसरे को शत्रु भाव से घूरते
गुर्राते-किटकिटाते
स्त्री-पुरुष आखिर
कौन-सा इतिहास रच रहे हैं?

रवना

क्यों रवना
तुमने क्यों दी स्वीकृति
कि काट ले तुम्हारी जीभ
तुम्हारे ही कोख का जना
रक्त से पला-बढ़ा
पति आर्यभट्ट की आज्ञा थी
काट ली जाए तुम्हारी जीभ
तुम दुराचारिणी नहीं थीं
ना ही तोड़ी थी
पिता या पति के कुल की मर्यादा
तुम्हारी जीभ पर सरस्वती का वास था
बस यही तुम्हारा अपराध था
थी "पाटीगणित" में इतनी प्रवीण
कि भारी पड़ गयी गणितज्ञ पति पर
बुलाया गया राजसभा में सम्मान के लिए
पति के दम्भ पर चोट लगी
दिया पुत्र को आदेश
कि काट ले तुम्हारी जीभ
जिस पर विराजती है सरस्वती
धर्मसंकट पुत्र का नहीं देखा गया तुमसे
दे दी स्वीकृति
तुमने ऐसा क्यों किया रवना
क्यों नहीं खड़ी हुई इस अन्याय के खिलाफ
क्या नहीं जानती थी

कि इस देश में
स्त्री को स्त्री होने का दंड दिलाया जाता है
पुत्र के हाथों
मातृत्व के महिमा-मंडन के नाम पर
कि स्त्री की दोअंगुल मात्र प्रज्ञा ही
सहन कर पाती है पितृसत्ता
अधिक बुद्धि महँगी पड़ती है उसे
अपाला से गार्गी तक का लम्बा इतिहास है
खड़ा होना चाहिए था तुम्हें इस व्यवस्था के खिलाफ
तुम्हारे व्यक्ति पर क्यों हावी हो गयी
वही सनातन स्त्री
जिसकी दुनिया घूमती है
एक छोटे दायरे में साजिशन
और ताना भी सुनती है वही
नहीं है बड़े दायरे के लायक
रवना आज भी जब किसान
तुम्हारी अन्वेषित पद्धति से
भविष्यवाणी करते हैं बारिश और सूखे की
सोचती हूँ मैं
नहीं दिया होता जो तुमने
पुरुष की अहंकार-वेदी पर अपना बलिदान
कितना कुछ दिया होता संसार को।

महरी

भयंकर सर्दी है
छाया है कुहासा
अँधेरा है
पसरा है सन्नाटा चारों ओर
हो चुकी है सुबह जाने कब की
झल्ला रही है गृहिणी
'नहीं आयी अभी तक महरी
करना पड़ेगा उठकर
इस ठंडी में काम
मनबढ़ हो गये हैं ये छोटे लोग
चढ़ गया है बहुत दिमाग
जब से मिला है आरक्षण
सो रही होगी पियक्कड़ मर्द के साथ गरमाकर
तभी तो बियाती है हर साल।'
कालोनी के हर घर में
वही झल्लाहट है...कोसना है
जहाँ-जहाँ करती है महरी काम
किसी के मन नहीं आ रहा
कि महरी भी है हाड़-मांस की इनसान
उसके भी होंगे कुछ अरमान
मन भाया होगा देर तक रजाई में लेटना
सर्दी से मन ज़रा अलसाया होगा
हो सकता है आ गया हो उसे बुखार
या किसी बच्चे की हो तबियत खराब

गृहिणियों को अपनी-अपनी पड़ी है
काम के डर से उनकी नानी मरी है
निश्चिन्त हूँ कि नहीं आती मेरे घर कोई महरी
घर की महरी खुद हूँ
हालाँकि इस वजह से पड़ोसिनों से
थोड़ी छोटी है मेरी नाक
सोचती हूँ कई बार
रख लूँ मैं भी महरी
कि बोल पड़ती है मेरे भीतर की स्त्री
'एक महरी कर सकती है
इतने घरों में काम
और नहीं सँभलता तुमसे
अपने ही घर का काम
महरी स्त्री नहीं है या
समझती हो खुद को
महरी से कुछ खास।'

प्रकृति खण्ड

हरितालिका तीज

आकाश ने भेजा है
धरती को हरितालिका तीज
लेकर आये हैं भाई बादल
हरी साड़ी चूड़ियाँ हरी
फल मिठाइयाँ खूब
किशोरी से युवती हो रहीं नदियाँ
उमड़ रही हैं देखकर बादलों को
मछलियों की भी चमक रही हैं आँखें
नाच रहे हैं मोर
गा रहे हैं दादुर
सीप और घोंघों में भी पड़ गयी है जान
बस तिलमिला रही है अकेली धूप
छिपती-फिरती इधर-उधर
कि कब जाएँगे मुएँ बादल
और कायम होगा फिर से उसका राज।
खुशी से उछल रही है धरती
रचा रही है मेहँदी
झूल रही है झूला
गा रही है कजरी
जबकि रो रहे हैं भोकार पार बादल
देखकर बरस बाद बहन को।
पूछती है धरती
गये थे क्या छोटी के पास भी रेगिस्तान
भाई हैरान कि है एक बहन और

सुदूर रेगिस्तान
सोच रहे हैं वे
'तो इसलिए जाते हैं बड़े भइया बहाने से
कभी-कभार रेगिस्तान'
बता रही है धरती
छोटी ने किया था, प्रेम विवाह
बहिष्कृत होकर सबसे
रेत-रेत हो गयी
भुगत रहे हैं खमियाज़ा आज भी
उसके बेटे पेड़
बहन तो बहन है आखिर
वो भी सहोदरा
रोती है धरती मुँह पर आँचल डाल
करते हैं बादल वादा
जाएँगे जरूर किसी न किसी सावन
छोटी को लेकर तीज
हरी साड़ी चूड़ियाँ हरी
फ़ल मिठाइयाँ खूब।

अमलतास

हरी धोती पर
सोने के गहने पहने
सजीला युवक लग रहा है
मँझोला अमलतास
फब रहे हैं फूलों के साथ
उसके सख्त काले लम्बे फल भी
खुशबू से सराबोर है अमलतास
बच्चे चढ़कर उसके कन्धों पर
मचा रहे हैं उत्पात
कोई मरोड़ रहा है हाथ
कोई नोच-बकोट रहा है
फिर भी गुस्से से लाल नहीं है अमलतास
बना हुआ शुभ, शीतल, मंगलकारी पीला।
देखकर सोने से लदा उसे
ईर्ष्या से लाल हो रहा है
ऊँचा, लम्बा गुलमोहर
हालाँकि हरी पोशाक
और लाल फूलों वाली पगड़ी में
वह भी कम सुन्दर नहीं है
हाँ, विनम्रता की खुशबू नहीं है
वह ताक रहा है अभिमान से आकाश
जबकि अमलतास धरती देखने में ही मगन है।

बारिश हो रही है

बारिश हो रही है
बड़े पेड़ जवान लड़कों की तरह
मस्ती में झूमते एक दूसरे की झप्पी ले रहे हैं
हो-हो कर कहकहे लगा रहे हैं मँझले
कम नहीं है छोटे भी
बच्चों की तरह उछल-उछलकर
नाच-गा रहे हैं
घास तो इतनी मगन है
कि नाक बन्द कर पानी में डुबकी लगाती है तो
देर तक उतराती नहीं
कीट-पतंग, पशु-पक्षी अराजक हो गये हैं
दिन के तम का लाभ लेकर
किशोरों की तरह इश्क फरमा रहे हैं।
हो रही वर्षा
जिनको करना है घर-बाहर का काम
प्रार्थना कर रहे हैं—'नान्ना रे नान्ना रे'
जबकि स्कूली बच्चे गा रहे हैं—'बरसो रे मेघा मेघा'
मजदूर बैठे ठोक रहे हैं सुरती जैसे अपना माथा
उसकी स्त्रियाँ टटोल रही हैं हांडी
रात की रोटी की चिन्ता में
अमीरों के लिए शराब-कबाब का मौसम है
स्लम के लिए फाके का
चूहे, मेढक, साँप ही नहीं
बेघर होने के डर में हैं

मुसहर बँसफोड़ भी
सबकी नजरें आकाश की ओर उठीं
फरियाद कर रही हैं
परेशान है बादल
किसकी सुनें!

मधु-रात

चाँदनी की परियों ने धरती को खुशबू से
नहलाकर पहना दी है
सरसों की पीली साड़ी
जूड़े में टाँक दिया है
बेला-चमेली का गजरा
ओढ़ा दी है
सितारों वाली झिलमिलाती ओढ़नी
पाँवों में लगा दिया है
टेसू के फूलों का महावर
और बैठा दिया है
गेंदे के फूलों की सेज पर।
सुनहरे कुरते-शेरवानी में दमकता
बसन्त भी आ बैठा है पास
हरसिंगार फूल बरसा रहे हैं
रातरानी छिड़क रही है इत्र
दूर कहीं बज रही है शहनाई
मधु-रात है यह
मिल रहे हैं धरती और बसन्त
आँखें मींचे खड़े हैं
अमलतास-गुलमोहर और सेमल
होंठ दबाए खामोश हैं
बोगनबेलिया और गुड़हल
डहेलियों से सँभल नहीं रहा है
अपने फूल का यौवन

मंजरियों की आँखों में
जगमगा रहे हैं कल के सपने
नशे में मत्त पड़ी हैं तितलियाँ
चारों तरफ सन्नाटा है
बस हवा को ही
नहीं आ रही है नींद
आज मधु-रात है
धरती और बसन्त के मिलन की रात।

एक ही कोख के जनमे

एक ही कोख से जनमे
आम, लीची, नीबू और सहजन
हवा ने मालिश की
किरणों ने नहलाया
धरती ने दूध पिलाया
फिर भी अलग कद-काठी के निकले
सहजन लम्बा, आम मँझोला
लीची औसत, तो नीबू ठिगना था
कपड़े एक रंग के
अपनी रुचि से पहने चारों ने
फैशनेबुल था सहजन
जालीदार लम्बे कपड़े पहनता था
लीची आम के कपड़ों में
उन्नीस-बीस का अन्तर था
नीबू को लगती थी ठंड ज्यादा
मोटे कपड़े पहनता था
गोरे थे सहजन, नीबू
लीची, आम सुनहरे
देहगन्ध भी अलग
लीची, सहजन की हल्की
नीबू की तेज
आम की मादक
यौवन पाकर बौराए चारों
बौराते ही आम के

बौरा गयी दुनिया
मह-मह करने लगी
बुरा लगा सहजन को
गुस्से से देखा धरती को
इतना पक्षपात।
समझाया माँ ने—सुरक्षित रहा तुम्हारा बचपन
सोचो, कितना सताया गया आम
गुठली था तो पीसकर बनाया गया आटा
अमोलाते ही घिसकर दोनों तरफ से चेहरा
बजाया गया सीटी की तरह
बार-बार दुष्ट पशुओं ने चबाया
जाने कितनी बार तोड़ा-काटा-जलाया गया
मान्यताओं के नाम पर
अब आयी है बहार उस पर
तो तुम भी कम कहाँ हो?
सहजन नहीं माना
कड़ा होता गया
नीबू का मन भी खट्टा ही रहा आजीवन
बस लाल सुडौल लीची
मीठी रही अच्छी बहन की तरह
शुरू में भले थोड़ी खट्टी थी
खट्टास से मिठास की सफल यात्रा कर
घोषित हुआ आम राजा!
सबसे कम उम्र पायी लीची ने
सहजन प्रौढ़ होने तक रहा
नीबू लम्बी उम्र जीया
आम को जीवित ही 'ममी' बनाकर
सुरक्षित रख लिया गया सजाकर
मर्तबानों में
विविध रूपों और स्वादों में
राजा आखिर राजा होता है।

धरती पर उत्सव

आम सुनहरी पिचकारी लिए खड़ा है
और सहजन सफेद
आमड़े ने हरा रंग घोल रखा है
सेमर ने लाल
कनेर ने पीला
वे रंग रहे हैं धरती को
धरती खिलखिला रही है
सरसों की तरह
झूम रही है
जौ की बालियों की तरह
रस से भर रही है
शहतूत की तरह
महक रही है
नीबू के फूलों की तरह
और अपनी टोली के साथ
उछाल रही है उन पर
रंग और गुलाल...
कुल्फा-मरसा के पास है
लाल गुलाल
धनिए के पास हरा
गाजर के पास नारंगी
और बैंगनी रंग है
तो मूली लिए हुए है
सफेद वार्निश

जो नहीं छूटती आसानी से...
हरी मटर तो रंग-भरा
गुब्बारा लिए
चढ़ आयी है मेंड़ पर
अरहर पर इतना ज़्यादा
हरा रंग चढ़ा है
कि वह काली दिखने लगी है
कोयल चिड़ियों के साथ
गा रही है फाग
कलियों उड़ा रही है सुगन्धित रंगीन गुलाल
शरारती हवा चूमती फिर रही सबके गाल
सबकी अपनी-अपनी टोली है
लगता है आज होली है...।

बोनसाई

चाहती हूँ मैं
छतनार वृक्ष होना
थके राहगीर विश्राम पाएँ
जिसकी छाँह में... गिलहरियाँ दौड़ें
जिसके मोटे तनों पर...
पक्षी घोंसले बनायें
सूखी डालियाँ
पीले पत्ते
ईंधन बनें गरीबों का...
जड़ें अन्वेषण करें
दूर तक जाकर भोजन का
गहर पैठें धरती में
मीठे पानी की तलाश में
पर...
कमरे में हरियाली
कैद करने की तुम्हारी लालसा ने
बनाया मुझे बोनसाई
गमले-भर मिट्टी
अंजुरी-भर खाद, चुल्लू-भर पानी
विस्तार की सारी आकांक्षाएँ
इन्हीं सीमाओं में कैद कर दी गयीं
कमरे के बाहर का आकाश
हवा... धूप... बारिश, झूमते सजातीय बन्धु
सब पराये बना दिये गये

जब भी मैंने बाँहें फैलानी चाहीं
कस दिया तुमने धातु के तार से
कैंची चलाई मेरी पीड़ा सुने बगैर
पक्षी नहीं आते घोंसला बनाने
मेरी बाँहें सूनी रह जाती हैं
तुम्हारे ड्राइंग रूम की शोभा बनी
मैं बोनसाई
तुम्हारी इच्छाओं की दासी।

सुहागिन सरसों

कितनी सुन्दर लग रही है
हरी साड़ी पर पीली चूनर ओढ़े
बालिका-वधू सरसों
सजीले दूल्हे गेहूँ के साथ
हवा शरारती सखी-सी
बार-बार मिला देती है उन्हें
खिल-खिल हँसती है सरसों
झरते हैं पीले फूल
सूरज-चाँद
जुगनू-तारे, धरती-आकाश
सभी दे रहे हैं आशीष
चिर सुहागिन रहो सरसों रानी
मरेगी भी सुहागिन सरसों
उसके जाते ही
सूखकर कड़ा होने लगेगा
गेहूँ का हरा मन
खनखनाने लगेगा उसका दुःख
जल्द ही जा लेटेगा खलिहान में...
मृत्यु पीटेगी उसे, तो झरेगा उसका दुःख
दानों की शक्ल में आएगी याद उसे
प्रियतमा सरसों
जो नहीं सह पाती थी कच्चे दानों में
चोंच मारना पक्षियों का
ज़ार-ज़ार रोयेगा वह

छा जाएँगे
उसके उच्छ्वास
भूसे के रूप में उड़कर चतुर्दिक
उधर निर्जीव सरसों उबटन की तरह
मली जा रही होगी किसी कुँआरी देह में
सुहागिन बनाने के लिए...।

नटखट बच्चा है सागर

जिदियाता है तो मान में नहीं आता
बार-बार उफनता है
खुश हो तो तट तक
दौड़ लगाता है
सब कुछ बटोर लाता है
कभी फेंक आता है
दिन भर खेलता है सूरज से
शाम को कट्टी कर
अनमना हो जाता है
फिर भूल-भालकर सब कुछ
खेलने लगता है चाँद से
बनाने नहीं देता किसी को घरौंदा
बिगाड़-बिगाड़कर भाग जाता है
डरने वालों को
डराता है आवाज़ बदलकर
प्रेम करने वालों का
सखा बन जाता है
लिखने देता है तट पर
एक-दूसरे का नाम
फिर फेरकर सब पर पानी
शैतानी से हँसता है
यह सागर नटखट बच्चा है?

सागर

बाँहें फैलाकर यूँ दौड़ा विशाल सागर
मेरी तरफ
जैसे दौड़े हों कृष्ण
सुदामा को गले लगाने
भीग गया देह के साथ
मन का कोना-अँतरा
बेटियाँ लहरें दौड़-दौड़कर
करने लगीं चरण-स्पर्श
पखारने लगीं पाँव
मछलियाँ नववधुओं सी
जल का घूँघट हटा
कभी झाँकने कभी छिपने लगीं
उमड़ने लगा मेरे मन में सागर
आँखों से छलक आया नमक
सहोदर है सागर
बनी है एक ही नमक से
दोनों की देह
जिन्दगी की मरुभूमि में भटकते
हर पल याद आता था सागर
कितनी शीतलता, कितना सुकून
आज स्वच्छ शीतल रेत में लेटकर
समुद्री हवा माँ सी सहला रही है सिर
बरसों बाद गाँव-घर लौटना है
सागर-तट पर आना

काश, बस सकती मैं यहीं कहीं
खेलती आइस-पाइस सागर के साथ
लौटना न पड़ता तपने
मरुभूमि में।

पहाड़

पहाड़ मुझे देखते ही चिल्लाया—पहचाना!
पहचाना मुझे!!
मैं तो पहचान गया तुम्हें देखते ही
कहाँ रहे इतने दिन
देखो, इंसानों ने कैसी कर दी है मेरी दुर्गति!
काँट-छाँटकर कम कर दी मेरी ऊँचाई
मुँड़ दिए केश-वृक्ष
देह में बना लीं सड़कें
घर, होटल, बाज़ार
तकलीफें सह-सहकर मैं
पहाड़ से पत्थर का टीला बन गया
कितना रोया छटपटाया मैं
मेरे आँसुओं से बह निकलीं नदियाँ
फूट पड़े झरने
सौन्दर्य समझकर जिसे
देखने आते हैं पर्यटक
कभी मेरी इज़ाज़त से
बरसते थे बादल
नदियाँ उमड़ती थीं
हवाएँ पूछ कर जाती थीं कहीं
अब बदल गया सब कुछ
तुम अपनी सुनाओ
बचे हुए हो साबुत
कि तुम्हारा भी हुआ है

मेरे जैसा ही हाल!
कैसे बताता मैं पहाड़ को
मैं तो जाने कब से
नहीं रहा मनुष्य भी
सभ्यता की ऊँचाई पर पहुँचकर
बन गया हूँ उसी सा एक टीला।

कन्याकुमारी के तट पर

समुद्र के गर्भ से
निकल रहा है शिशु सूर्य
आकाश खुशी से लाल है
नवजात शिशु को गोद में उठाते
मन्दिरों में बज रही हैं घंटियाँ
गूँज रही है शंख ध्वनि
मंगल वेला है
तट पर दर्शनार्थियों की भीड़ है
कसक रहा है समुद्र का माँ मन
कोमल शिशु को शीतल आँचल से अलग कर
तपने के लिए जीवनाकाश में भेजते
उछालें ले रहा है वह
प्रकृति के इस नियम के खिलाफ
टकटकी लगाये पूरे दिन
देखता रहता है वह सूर्य को
शिशु से बालक बनकर मुस्कुराते
किशोर से युवा होकर तपते
उफनती रहती है उसकी ममता
होता रहता है आँसुओं से जल खारा
होती है शाम
प्रौढ़ से बूढ़ा हुआ
जला-तपा
थका-हारा सूरज
उतरने लगता है उसके गर्भ में

आकाश रो-रोकर लाल होता है।
समुद्र खुशी से
मन्दिरों में फिर बजती हैं घंटियाँ
गूँजती है शंख ध्वनि
होती है मंगल वेला
तट पर दर्शनार्थियों की भीड़
ढँक जाता है सूर्य
माँ के शीतल आँचल से
शान्त हो जाता है समुद्र
जैसे सो जाती है सुकून से माँ
शिशु को सीने से लगाकर।

सन्ध्या का सूर्य और लहरें

एक

दिन ढल रहा है
उतर रहा है आकाश से सूर्य
उफान में सीमा तोड़ रही है समुद्री लहरें
मिटा रही हैं
कदमों के निशान
घरौंदे
प्रेमियों के नाम
फेंक रही हैं अपद्रव्यों को
कुछ भी और स्वीकार नहीं उन्हें
सूर्य से मिलने की इस वेला में।

दो

दिन भर की प्रतीक्षा के बाद
लहरें मिल रही हैं सूर्य से
भावावेग में मूँदे आँख
अचानक गुम हो जाता है सूर्य
समुद्र में कहीं
वे रह जाती हैं ठगी-सी
वहीं की वहीं
उनकी दशा पर हँसते हैं चाँद-सितारे
क्षण-भर के मिलन के बाद
विरह-वेदना सहनी पड़ती है लहरों को
जिनकी बूँद-बूँद में बसा होता है सूरज।

दातुन

कहाँ जानता था
पिता वृक्ष की बाँहों में निश्चिन्त
झूलता मैं
कि किसी सुबह टहनियों सहित
खींच लिया जाऊँगा
फिर वस्त्र-विहीन कर
तेज चाकू से छील-काटकर
बना दिया जाऊँगा
छोटा सा दातुन
और बिकेगी बाजार में
मेरी हरी नाजुक देह
खरीदार सुबह-सबेरे
चबाकर मेरा सिर
बदल देंगे नरम कूची में
साफ करेंगे गन्दे दाँत
बदबूदार मुँह में डालकर
दायें-बायें ऊपर-नीचे
लगातार रगड़ते हुए
रगड़ से टूटे कूची के रेशे को
बेदर्दी से थूक देंगे दूर
इतने पर भी नहीं होगा मेरी यातना का अन्त
चमकते ही दाँत वे बीच से चीरकर मुझे
साफ करेंगे अपनी गन्दी चटोरी जीभ
फिर फेंक देंगे धूल-मिट्टी में

अपनी गन्दगी के साथ
पैरों से कुचले जाने के लिए।
आज पड़ा हुआ सड़क पर
घायल अधमरा मैं सिसक रहा हूँ
अपनी दशा पर
याद आ रहे हैं पिता
क्या पिता को भी आती होगी
मेरी याद?

बाढ़

नहीं पड़े झूले
अमराइयों में इस बार
नहीं झूल पाये
कुँआरे सपने, नये ब्याहे अरमान...
बहनें बाट जोहती रह गयीं
तीज पर भाई नहीं आया
सखियों का संग, मेहँदी के रंग
धानी परिधान, माँ के पकवान
सावन कजरी, मल्हार गीत
बागों के झूले
आँसू बनकर बह निकले...
नहीं लौट पाये परदेश से प्रियतम
रिम-झिम बरसते सावन में
साथ-साथ अलसाने की चाह
बन गयी चातक की आह...
नाग देवता को नहीं मिला
इच्छित लावा—दूध
नहीं खोदे गये अखाड़े
गुड़ियों का त्योहार
रह गया धुनता सिर
वे हाथ जो भर देते थे खलिहान... दुकान
इन्सान... भगवान सबका पेट
पसरे हैं राहत के दानों के लिए
बाढ़ ने छीन लिए
गाँव-घर से
छोटे-छोटे आनन्द के क्षण
त्योहार की खुशियाँ...।

बाढ़ के बाद

एक

पक्षी लौट पड़े हैं
अपने बसेरों की तरफ
पर बसेरा कहाँ?
जहाँ बनाया था
घोंसला
वह जगह दिखाई
नहीं पड़ रही है कहीं
तिनका-तिनका
बह गया है
सैलाब में...
वे उड़ रहे हैं
छटपटाते हुए
इधर-उधर
ढूँढ़ते हुए
रिहाइश के चिह्न...।

दो

किसान
सोच रहे हैं
कहाँ गयीं वे सीमाएँ
जो बनाई थीं उन्होंने
मिट गया
अपने-पराये
धर्म-जाति का भेद
जिस मिट्टी में

पले-बढ़े
खेले-कूदे
वहाँ दूर-दूर तक
सिर्फ कीचड़... गन्दगी
कुछ भी तो नहीं बचा
गँवाने को उनके पास
शून्य से करनी होगी
जीवन की शुरुआत...।

तीन

कजरी गाय
बार-बार
भाग रही है
बथान की तरफ
जहाँ नहीं बचा
खूँटे के सिवा
कुछ भी...
उसकी आँखों में
काँपता है
वह दृश्य
जब सैलाब
बहा ले गया था
उसके सद्यः ब्याये
बछड़े को
और वह
हूँकारती रह गयी थी
उसका बूढ़ा मालिक
चढ़ गया
बाढ़ की भेंट
कजरी की
कजरारी आँखों में
ढेर-सारे
आँसू हैं...।

पूरे एक दिन और

सुबह से पहले
चाँद
टहलता है
मेरे साथ-साथ
और जाते-जाते
बरसा देता है मुझ पर
अमृत की
कुछ बूँदें
ताकि जी सकूँ मैं
पूरे एक दिन और...।

चिड़िया और स्त्री

सुबह... शाम
मेरे घर में
गूँज उठती है
एक सुखद चहचहाहट
मेरे घर में
चिड़िया ने
अपना घर-परिवार
बसाया है
मैं नहीं जानती
उसका चिड़ा भी
साथ रहता है या नहीं
कितने बच्चे हैं उसके
इतनी ठंड में
मुँह अँधेरे ही
क्यों निकल जाती है
मुझे जगाकर
कहाँ रहती है दिन-भर
क्या करती है...
नहीं जानती
मैं तो इसी में खुश हूँ
कोई तो रहता है
मेरे अकेलेपन के साथ
कभी-कभी डर लगता है
कहीं चिड़िया सुबह निकले
फिर लौटे ही न
कहीं और न बना ले
घर...।

सहजन–1

सहजन
कल तक तो
खूब फब रहे थे तुम
हरे कोट
और सफेद टोपी में
तुम्हारा फूलों-सा मुख
जब चूमती थी हवा
खिलखिला पड़ते थे तुम
अपने आस-पास रहने वाली
आम की सुनहरी
मंजरियों की ओर देखकर
जिनकी खुशबू से
मीठा-मीठा सा रहता था
तुम्हारा मन...
औचक क्या हुआ
कि तुम सहज न रहे सहजन
होते गये कठोर-नुकीले
और मजबूत
अपने इर्द-गिर्द बना लिया
तुमने एक सुरक्षा-कवच
कि तुम्हें पाने के लिए
चढ़ना पड़ता है
तुम्हारे सीने पर
करना पड़ता है इस्तेमाल

तेज़ हथियार का
तुम अन्त तक नहीं छोड़ते
अपना कसैलापन
कोई भी मसाला
नहीं बदल पाता है तुम्हें सुस्वाद में... सहजन,
तुम क्यों सहज न रहे
जबकि तुम्हारी बाल्य-सखियाँ
वे मंजरियाँ करती रहीं यात्रा
खटास से मिठास की
तुम्हें किससे शिकायत है मित्र
क्या प्रकृति से
जिसने वंचित रखा तुम्हें
मादक रूप और सुगन्ध से
या फिर दुनिया से
जिसकी उपेक्षा ने
भर दी कड़वाहट तुममें
कम से कम
मेरे आगे तो खोलो मन
सहजन... ।

सहजन–2

सहजन
क्यों तुमने अचानक
वस्त्रों का परित्याग कर दिया
और नागा साधु हो गये...
कुछ दिन पहले तक तो
सब कुछ सहज था
तुम्हारे जनम से पहले
हरा-भरा-पूरा हो गया था
रुण्ड-मुण्ड सूखा पेड़
माँ बनने जा रही
स्त्री के तन और मन की तरह
मौसी प्रकृति ने बुनी थी तुम्हारे लिए सफेद
फूलों वाली कुलही
और जालीदार स्वेटर
पड़ोसिन चिड़ियों ने तुम्हारे जनम पर
सोहर गाया था तेलिन चिड़ियों ने
ठाकुर-ठाकुर का जाप किया था
नाईन हवा ने मला था उबटन और तेल
सूरज की किरणों ने
नहलाया-धुलाया था
चाँद में चरखा कातती बूढ़ी दादी
सुनाती रही रात-रात भर लोरी
सबके प्यार-दुलार से पले तुम

कितने सहज और अलग निकले
लम्बे... हरे... छरहरे
फिर अचानक क्यों तुमने
वस्त्रों का परित्याग कर दिया
और नागा साधु हो गये...।

गाँधीवादी है सेमल

साँवली देह पर
लाल फूलों वाला हरा कुर्ता पहने
लाल-भभूका हो रहा है सेमल
छेड़ रही है भाभी हवा
चूम रही है प्रिया धूप
चिड़िया बहनें गीत गा रही हैं
बहनोई कौओं को मकरन्द पीने से ही फुरसत नहीं
खिलखिला रहा है सेमल
बसन्त के आते ही
अभी कल तक नंग-धड़ंग खड़ा था
तानाशाह शिशिर ने छीन लिए थे
हरे वस्त्र
ठण्ड से काला पड़ गया था साँवला शरीर
आज कितना सलोना लग रहा है
वही काला रंग हरे और लाल के बीच
भूला नहीं है सेमल
शिशिर की ज्यादती
लाल फूलों में क्रोध की ऊष्मा है
ऊष्मा जो ढल रही है धीरे-धीरे
फलों के भीतर
स्वच्छ, श्वेत रूई की शक्ल में
शिशिर से विरोध का
गाँधीवादी तरीका है यह
सेमल का।

शिशिर के खिलाफ़

खिलखिला रहा है
स्कूल परिसर का पलाश
यौवन के लाल फूलों से सजी है
सूखी साँवली देह
कल तक
काली पड़ चुकी कलियों ने
कसकर भींच रखा था अधर
भयंकर ठण्ड पड़ी थी इस बार
बसन्त भी काँपता-थरथराता आया था
हर रोज मर रहे थे दो-चार गरीब
कम पड़ गये थे सरकारी अलाव और कम्बल
अपने ही प्राण संकट में थे
कौन देखता पलाश को
जिसकी देह से कपड़े तक उतार लिए थे
तानाशाह शिशिर ने
जो नहीं मिले हैं वापस अब तक
सब कुछ बदलता है समय के साथ
कल तक पक्षी तो दूर
मधुमक्खियों, भौंरों और चींटियों तक ने
छोड़ दिया था साथ
कितना अकेला, उदास हो गया था
बुरे वक्त में पलाश
आज लौट आये हैं, सब के सब
रूप-रंग-रस से सराबोर देखकर उसे

देखो तो जरा इन कौओं को
कितने अधिकार से पिरो रहे हैं
फूलों में चोंच फिर तानकर शान से गरदन
गटागट पी रहे हैं, मकरन्द
पक्षी चहचहा रहे हैं
भौंरे गुनगुना रहे हैं
रससिक्त हो रहे हैं सब
सोचने लगी मैं
कैसे बचाया खुद को पलाश ने
कहाँ से पाया इतना मकरन्द
कि टपक पड़े अचानक
मुरझाकर कुछ फूल जड़ों के आस-पास
उन्हें उठाते छू गयी वहाँ की धरती
तप्त और नम
जैसे धड़-धड़ धड़कता माँ का दिल
तो यहाँ से पायी थी
ऊष्मा और शक्ति पलाश ने
शिशिर के खिलाफ़।

सिर्फ़ काग़ज़ पर नहीं

सिर्फ़ काग़ज़ पर
नहीं लिखी जाती है कविता
किसान लिखता है ज़मीन पर...
शिल्पकार
पत्थर... मिट्टी..
बढ़ई
लकड़ी पर...
स्त्री घर के कोने-कोने में
रचती है कविता...
माँ की हर लोरी, बच्चे की किलकारी
तुतली बतकही
घरनी की चुपकही
प्रेमियों की कही-अनकही में
होती है कविता...
पौधे के पत्ते-पत्ते
फूल की हर पंखुरी
तितली के रंगीन परों पर
इठलाती है कविता...
गौर से सुनो तो,
कोयल की कूक
पपीहे की हूक
पक्षी की चहचहाहट
घास की सुगबुगाहट
भौंरों की गुनगुनाहट में भी

लजाती... मुस्कुराती
खिलखिलाती है कविता
सिर्फ़ काग़ज़ पर नहीं
लिखी जाती है कविता...।

चिड़िया उदास है

चिड़िया...
उदास है
उसे सुबह
अच्छी लगती है
पर देख रही है वह
धरती के
किसी छोर पर
नहीं हो रही है
सुबह...।

मछलियाँ देखती हैं सपने

रंगीन शीशे के
ज़ार में
क़ैद होने के बावजूद
मछलियाँ
देखती हैं
दिन-रात
समुद्र से
मिलने का सपना...।

आम्र वृक्ष

खामोशी की जड़ों को
गहराई में उतारकर
पत्तियों द्वारा बतियाता है
नदी के किनारे खड़ा आम्र वृक्ष
उसकी भाषा नहीं समझते लोग
इसलिए वंचित रह जाते हैं
उसकी शिक्षा से
पक्षियों का जीवन-क्रम
हवा का मिज़ाज
प्रेमियों का मिलन
दुनिया का व्यवहार
ज़मीन का सुख-दुख
देखता, सुनता, महसूसता है आम्र वृक्ष
दिन में नदी उसकी आज्ञा से बहती है
चन्द्रमा को राजा वही बनाता है रात में
आसमान तक तानकर सिर
मुस्कुराता है आम्र वृक्ष
लोग नहीं करते अनुसरण
वह ज़मीन पर नहीं चलता
दिखता है खड़ा निरन्तर एक जगह
जबकि चलता रहता है वह निरन्तर
आकाश की ओर
ऊँची-ऊँची आँखों से निरखता सब कुछ
खामोशी के गर्भ में छुपाता आम्र वृक्ष
पक्षी और प्रेमियों के लिए
स्थावर नहीं जंगम है।

दुल्हन बरसात

धान के नन्हे पौधे
कमर-भर पानी में
डुबकी लगा रहे हैं
लोट-लोट जाती हैं
लम्बी... छरहरी... हरी
मूज...
छोटे-बड़े
काले-गोरे
सभी पेड़
पहन रहे हैं
साफ-सुन्दर हरे वस्त्र
हिलकोरे ले रहा है
काई से आधा हरा
आधा सफेद तालाब
झींगुर बजा रहे हैं
शहनाई...
बूँदें नाच गा रही हैं
मेढक चीख-चीखकर
बता रहे हैं सबको
लौट आयी है
सावन भइया की बारात
लेकर दुल्हन बरसात... ।

विरुद्ध

हवा से नाराज हैं वृक्ष
टूटने लगी है
उनकी चुप्पी
शिकायत है—
प्यार घास को अधिक करती है वह
सहलाती है इतने प्यार से
कि तिनका भी न टूटे
हमें चुम्मी भी देती है
कि गिर जाएँ टूटकर पत्ते
नाराज होकर उस पर
बस हल्की चपत लगाती है
हमें उखाड़ देती है जड़ से
यूँ ही नहीं हम क्रुद्ध हैं
हम इस आरक्षण के विरुद्ध हैं।

मदार

पाश कॉलोनी में
दरवाजों के ठीक बाहर
मदार का पेड़ देख
चौंक पड़ी मैं
कैसे इतना पॉपुलर हुआ
उपेक्षित मदार
अब तक तो उगता रहा
कचरे के ढेर
और लावारिस ज़मीनों पर
अपने-आप
नहीं चढ़ाया जाता देवताओं को
(अपवाद बस शिव हैं
जिन्हें प्रिय हैं भांग-धतूरा और मदार)
किसी भी पौधे से कम आकर्षक नहीं है
मँझोला मदार
चौड़े हरे पत्तों के बीच
दमकता है उसका सफेद
या फिर हल्का बैंगनी फूलों सा चेहरा
मान्यता रही है
कि खतरनाक है मदार
फिर क्यों सजाया जा रहा है उससे द्वार
पता चला किसी बाबा ने बताया है
औषधीय गुणों का भण्डार है मदार
शुभ है, देता है धन-धान्य

सुख-समृद्धि
दरवाजे पर लगा सफेद मदार
रंगभेद यहाँ भी!
आरक्षण में आरक्षण?
कि आरक्षण का लाभ
... ...
माँ की कोख आँवा
श्वेत-श्याम दोनों पकते हैं वहाँ
फिर एक शुभ
दूसरा अशुभ कैसे!
मनुष्यों के भेद प्रकृति में
डाल रहे विभेद
इठला रहे हैं सफेद मदार
कचरे में जी रहे सहोदरों से
खुद को मानकर विशिष्ट।

प्रेम

उदास हो जाता है सागर
क्यों है वह इतना गहरा
उछालें लेकर भी नहीं
छू सकता पहाड़ी को
पहाड़ी उदास क्यों है वह
इतनी ऊँची
झुककर छू नहीं सकती
सागर को
सूखी नदी से
भेजती है प्रेम-सन्देश पहाड़ी
बेचैन सागर बन जाता है
बादल
और बरस पड़ता है
पहाड़ी पर
मिलन ऐसा भी होता है।

कनेर

पतली कमर और खिले चेहरे वाले
कनेर भाई
हरे पत्तों के घर में
पीली हँसी बिखेरते
तुम बड़े अच्छे लगते हो
अमीर तुम्हें पसन्द नहीं करते
तुमसे नहीं सजाये जाते मंडप
ना ही दिए जाते उपहार में
सुहाग-सज्जा के भी काम नहीं आते
गन्ध ही नहीं है मादक, फल भी बेडौल
फिर भी कुछ खास बात है तुममें
कि सबसे अधिक दिखाई देते हो तुम ही
गरीब तुम्हें प्यार करते हैं
उनके दरवाजे और पूजा में
जरूर दिख जाते हो तुम
तुम्हारी कई नस्लें तैयार हैं आजकल
रंग भी कई दिखने लगे हैं
पर नहीं है बदला तुम्हारा स्वभाव
कोमल इतने कि अलग होते ही
माँ की गोद से मुरझाने लगते हो
फिर भी जाने क्यों अच्छे लगते हो।

जीवन खण्ड

याद है मुझे

मेरे घायल परों पर
मरहम लगाया था
याद है मुझे
कि तुमने मुझे उड़ना सिखाया था
पर क्या इसलिए कि
जब मैं ऊँचाई पर उड़ने लगूँ
तुम... हाँ... तुम ही
मेरे पर काट लो।

भर्तृहरि नियति

लगातार सूर्य के चक्कर काटती
धरती सोचा है कभी
सीलन भरे अँधेरे में गुमनाम
तुम्हें धरता है कोई प्रेम से
हजारों-हजार सिर माथे पर
ढोता है तुम्हारी ममता का
अतिरिक्त भार
निमिष मात्र की जिसकी विचलन
खतरा है तुम्हारे अस्तित्व के लिए
उसके स्पर्शों की सुरक्षा से हरी-भरी तुम
क्यों नहीं समझती उसका दुःख?
सोचो धरती
किसका प्रेम है सच्चा
तुम्हारा
या शेष का
प्रेम की यह कैसी भर्तृहरि नियति है
कि जिसको चाहो
वही नहीं मिलता।

मेरा होना

मैं होना चाहती हूँ
तुम्हारे साथ
जैसे नीम जंगल रास्तों में जुगनूँ
रेत की दुनिया में होते हैं
जलद्वीप
गुलमोहर
मैं होना चाहती हूँ
तुम्हारे साथ
जैसे सृजन में होती है पीड़ा
सिक्कों में होती है खनक
और संवाद में होती है सभ्यता
संस्कृतियों की कोख में
घृणा के बीज सा
नहीं होना चाहती
तुम्हारे साथ
तुम अपने समय की
शहतीरों पर
टाँकते रहो सितारे
या अपनी गुलेलों से
छेदते रहो आसमान
खोद सको एक नदी
काट सको पहाड़ कोई
भले ही मेरे बगैर
मैं होना चाहती हूँ

तुम्हारे लिए जैसे
शीत के लिए होती है आँच
जीत के लिए होता है नशा
जैसे धरती के लिए कभी
हुआ था कोई कोलम्बस
मैं नहीं होना चाहती
गुलेल सी करुण
तुम्हारी चोट खाई मांसपेशियों के लिए
तुम मेरे बिना
मुझसे दूर भी रह सकते हो
अडिग
अपने बनाये रास्ते पर खा सकते हो
ठोकरें
जी सकते हो दुःख
मैं होना चाहती हूँ
तुम्हारे बिल्कुल साथ
जैसे समय से घिर जाने पर
साथ होती हैं स्मृतियाँ
मस्तियों में साथ होती है थिरक
होती है थाप
बुखार में सिरहाने होती है माँ बिल्कुल
तुम्हारी कमजोरी को
अपनी सभ्यता का सबसे बड़ा मूल्य
बताने वाले बलिष्ठ स्वर-सा
नहीं होना चाहती मैं
तुम्हारे साथ।

परिदृश्य

वही वक्त है
वैसा ही माहौल
वही मंच
और तुम भी
जब बोलते रहे थे तुम
और मैं चुनती रही थी तुम्हारे शब्द
जैसे चुनती है स्त्री सुबह-सवेरे
पूजा के फूल
एकटक तुम्हें निहारती
जाने तुममें किसको पाती
मैं खो बैठी थी खुद को।
आज भी
वही सब कुछ
पर खो गया है वह
जिसे पाया था तुममें
सोचती हूँ
क्यों मान रही हूँ अब भी
तुम्हें ख़ास
जबकि जान चुकी हूँ
कि तुम्हारे लिए
खास तो दूर
आम भी नहीं रही मैं कभी
क्यों नहीं मान लेता मन
दौड़ती हुई ट्रेन के
पीछे छूटते परिदृश्यों में
तुम भी एक थे।

ख़तरनाक

किसी ने कहा
सपनों का मर जाना ख़तरनाक है
तुमने कहा—प्रेम करना।
मैं करती रही प्रेम
बिना जाने तुम्हारा मन
तुम्हारा प्रेम।
मैंने कोशिश की जितनी
पास आने की
उतने ही तुम दूर हुए
तुमने बढ़ाई दूरी जितनी
करीब हुई मैं।
तुम जाग रहे थे
इसलिए नहीं देख सके सपना
मैं सपने में थी
जाग न सकी
दोनों ने नहीं जाना वह
जो जानना कभी ख़तरनाक नहीं होता।

तुम वही हो

तुम
अभी कुछ दिन
पूर्व ही मुझे मिले थे
और प्रेम का नाम लेकर
मेरी नन्ही हथेलियों में
सारा संसार
भर देने का वादा किया था
किन्तु
मन में
एक भी बुलबुला न फूटा
आँखों में सपना न जागा
कि तुम्हें
वह जगह दे दूँ
जो
बरसों से
रिक्त पड़ी है
लेकिन
न जाने कौन-सी डोर
खींच रही थी
तुम्हारी तरफ मुझे
और मैं
खिंचती हुई
तुम्हारे इतने करीब
जा पहुँची
कि आश्चर्य है

तुम
वही हो
जिसे प्रेम का पात्र समझ
खुद को ही
दे डाला मैंने
फिर भी लगता रहा
अभी कुछ शेष है
देने को
तुम वही हो
जो ले गये थे
मुझे एक दिव्य-लोक में
जो स्वप्न था मेरे लिए
और मैं उस लोक को
सच समझ बैठी
क्योंकि उसमें
तुम थे
पर आज
तुम वह नहीं हो
जो कल थे
अब तुम
इठलाते हो
अपनी जीत पर
और कृपण-दाता
बन बैठे हो
याचक के
आज
तुम्हारी बातों का
खोखलापन
आँखों का
अजनबीपन
डसता है
हर पल।

काश

आज फिर,
पत्थर की चोट खाकर
शीशा टूट गया
साथ ही अक्स
टुकड़ों में विभाजित हो
बिखर गये
और मैं उन टुकड़ों को
घायल अँगुलियों से
चुनती रही
क्योंकि–
मुझे पता चल गया
आईने का जीवन
और उसके टूटने की
नियति
काश,
मैं अपने टूटन को भी
चुन सकती।

ऐसे समय में भी

एक ऐसे समय में
जब मुसलमान शब्द
आतंक का पर्याय हो गया है
मैं खुश हूँ
कि मेरे शहर में रहते हैं
बादशाह हुसेन रिज़वी
जो इन्सान है उसी तरह
जिस तरह होता है
कोई भी बेहतर इन्सान
पक्षी उनकी छत से उड़कर
बैठते हैं हिन्दुओं की छत पर
और उनके पंजों में बारूद नहीं होता
उनके घर को छूकर
नहीं होती ज़हरीली हवा
उसी तरह खिलते हैं उनके गमलों में फूल
जैसे किसी के भी
उनका हृदय हातिमताई है
जिसमें है हर दुःखी के लिए
सान्त्वना के शब्द
सच्चे आँसू
और बहुत सारा वक्त
हालाँकि इतने बड़े लेखक के पास
नहीं होना चाहिए
इन चीजों के लिए वक़्त

आतंक के शोर के बाद भी
कम नहीं हुए हैं
उनके हिन्दू मित्र
आते हैं सेवइयाँ खाने
ढेर सारा बतियाने
आज भी वे लिख रहे हैं
मानवीय पक्ष की
जनवादी कहानियाँ
मैं खुश हूँ
कि वे मेरे शहर में रहते हैं।

यहाँ है

स्कूल बस चली जा रही थी
अपने गन्तव्य की ओर
और बस में बैठे हुए
बच्चों को देखकर
मैं प्रसन्न हो रही थी
टमाटर जैसे गाल
सँवरे हुए बाल
अंग्रेजी में बातें करते बच्चे
कितना उज्ज्वल है भविष्य
सोच रही थी मैं
कि झटके से रुकी बस
सामने सड़क बन रही थी
पत्थर तोड़ते मजदूर
अलकतरा खौलाते मजदूर
अचानक दृष्टि पड़ी मेरी
एक दस वर्षीय बालक पर
मुरझाये गाल
उलझे हुए बाल
धूप से सँवलाया
गालियाँ-झिड़कियाँ खाता हुआ
हाथों में खाँची और हथौड़ा
एकटक देख रहा था उदास
बस के अन्दर खिलखिलाते बच्चों को
उसकी वह आँखें उफ,

अनगिनत प्रश्नों के जाल!
जिसे कठिन था पूरी तरह
समझ पाना भी
उस बच्चे को देखकर
मुझे लगा
अब तक मैं आकाश देख रही थी
पर धरती तो यहाँ है
सत्य तो यहाँ है
भविष्य तो
यहाँ है।

धर्मक्षेत्रे

एक फकीर
गुजरता है अक्सर
मेरी कॉलोनी से होकर
चौकड़ी की लुंगी
सफेद कमीज और टोपी पहने
दुबला लम्बा शरीर
सफेद दाढ़ी
गले में माला कौड़ियों की
हाथ में कटोरा दूसरे में लाठी
कन्धे पर लम्बा झोला लटकाये
उसकी स्वच्छ सफेद आँखें
उठी रहती हैं आकाश की ओर
वह रुकता नहीं किसी के दरवाजे
माँगता नहीं किसी से कुछ
बुलाकर देने पर ले लेता है
उसके होठों से फूटती रहती है दुआ—
'अल्ला।ह, सबका भला कर
देने वाले का भी भला कर
न देने वाले का भी भला कर'
मेरी कॉलोनी में ज्यादातर हिन्दू रहते हैं
उन्हें अच्छा नहीं लगता
रोज-रोज गुजरना फकीर का
वे उसे देखते ही बड़बड़ा उठते हैं—
आ गया फिर...।

एक साधु
आता है अक्सर
मेरी कॉलोनी में
गेरुआ धोती-कुर्ता पहने
हट्टा-कट्टा शरीर
काली दाढ़ी
गले में रुद्राक्ष, माथे पर त्रिपुण्ड
कन्धे से लटकाये गेरुआ झोला
हाथों में पोथी-पतरा
उसकी लाल आँखें देखती हैं
हमेशा सामने
वह आवाज़ देता है—
'देखो, कौन आए हैं'
और जमकर बैठ जाता है
दरवाजे पर
लोग देते हैं जितना
होता नहीं सन्तुष्ट उससे
माँगता है और भी बहुत कुछ
देने वालों को आशीष
ना देने वालों को शाप देता है—'नष्ट हो जाओ'
कॉलोनी वालों को अच्छा लगता है
रोज-रोज आना उसका
वे कहते हैं—महाराज, फिर आना...।

हिन्दी हैं हम

प्रतिदिन सुबह सबेरे
स्कूल परिसर में
प्रार्थना के समय
बच्चे गाते हैं गर्व और खुशी से
—'हिन्दी हैं हम, हिन्दी हैं हम, हिन्दी हैं हम'
उस समय सभी जाति, सभी धर्म के बच्चे
सिर्फ हिन्दी होते हैं
पर कैम्पस के बाहर
हिन्दी हो जाती है सिर्फ हिन्दू
और बाकी विधर्मी हो जाते हैं
विधर्मी भी ऐसे
कि जिस थाली में खाते हैं
उसी में करते हैं छेद
बहला-फुसला और डराकर
बदलवाते हैं धर्म—ऐसा प्रचार कर
निशाना साधा जाता है
विधर्मियों पर
और कहा जाता है ऊपर से
आतंक की जड़ है ये ही
अब इस शक की दवा किस डॉक्टर के पास है
और हल है, जिनके पास
वे क्यों खोदेंगे अपनी ही जड़ें।
वे एक ही रंग में रँगना चाहते हैं
देश को

तिरंगे के तीन रंगों पर भी उन्हें एतराज है
देश कोई खेत थोड़े है
कि होगी एक समय में बस एक ही फसल की बुआई
हिन्दी किसान तो एक फसल के बीच भी
उगा लेता है छोटे-मोटे कई रंगों की फसल
फिर क्यों नहीं हिल-मिल रह सकते सारे हिन्दी भाई
हिन्दी क्यों कभी रथ, कभी मोटरसाइकिल पर सवार है
क्यों तिरंगे के रंगों की आपस में तकरार है
धर्म के हाथों क्यों गोला बन्दूक व तलवार है
ज्ञान के माथे पर खून क्यों सवार है
अनगिनत प्रश्न हैं उत्तर कहाँ है?
स्वतन्त्र भारत में स्वराज कहाँ है?
बच्चों को क्या बताऊँ... क्या पढ़ाऊँ
हिन्दी कौन है, क्या है, कैसे समझाऊँ
मैं सच पढ़ाऊँ बाहर वे झूठ पढ़ेंगे
दुविधा ग्रस्त होंगे तो कल वे कैसा देश गढ़ेंगे
क्या कल उनके बच्चे
गायेंगे अपने स्कूल परिसर में
गर्व और खुशी से
हिन्दी हैं हम, हिन्दी हैं हम, हिन्दी हैं हम?

हल्कू

तुम प्रेमचन्द की कल्पना नहीं थे
हकीकत हो आज भी
गाँव-गाँव के किसान
प्रतिरूप हैं तुम्हारे
पूस की इस ठिठुरती रात में
पेड़, प्लास्टिक या झोंपड़ी की आड़ में
छुट्टा मवेशियों से फसल बचाते।
वही ठण्ड
वही गरीबी
जंग के सभी हालात वही
क्या कुछ भी नहीं बदला
आज़ादी के इतनी सालों में?
न सरकार
न भाग्य
प्रकृति भी नहीं
कोई तो नहीं है तुम्हारे साथ
यहाँ तक कि 'जबरा' भी
तुम बिल्कुल अकेले
और निहत्थे सिपाही हो
गरीबी की इस जंग में।
क्या हारना
खोना
पछताना ही
तुम्हारी नियति है
शस्य-श्यामला देश में।

बथुए का साग बेचते बच्चे

जिलाधिकारी के आदेश से
बन्द हैं जनपद के सारे स्कूल
कड़ाके की इस ठण्ड में
दुबके हैं बड़े तक गर्म बिस्तरों में
वे खोंट रहे हैं
बथुए का साग
अलस्सुबह से।
ठण्ड से नीले पड़ गये हैं होंठ
थर-थर काँप रहा है जिस्म
ओस से गीली मिट्टी में रपट रहे हैं नंगे पाँव
आधे-अधूरे कपड़ों में
लुग्गा की गाँती बाँधे
बच्चों के
हाथ ठिठुर रहे हैं
खोंटते हुए साग
आयरन और विटामिन ए
खूब होता है
बथुए के साग में
बताते हैं डॉक्टर
जिनकी बहुत ही कमी है
इन बच्चों में
पर खाने के लिए नहीं
बेचने के लिए खोंट रहे हैं
वे बथुए का साग

रूखा-सूखा खाकर
दोपहर बाद वे जाएँगे बाज़ार
और बैठ जाएँगे यहाँ-वहाँ
सामने लगाकर ढेर
सहेंगे ग्राहकों के नखरे
तेवर और घुड़कियाँ
सर्वशिक्षा अभियान
गरीबी उन्मूलन की सरकारी योजनाएँ
निरर्थक हैं इन बच्चों के लिए
पूछ बैठती हूँ—क्यों नहीं जाते स्कूल
जब मिलता है दोपहर को मुफ्त भोजन!
हँसता है उनमें से थोड़ा बड़ा बच्चा—
भूख सिर्फ दोपहर को ही नहीं लगती मैडम!
पूरा परिवार लगता है तब जुटती है दो वक्त की रोटी
सोचती हूँ—जिस देश में बच्चों के आगे रोटी का सवाल हो
वहाँ कैसे सब पढ़ें-सब बढ़ें।

सब्ज़ी-बाज़ार में आलूवाद

सब्ज़ी-बाज़ार में
अटे पड़े हैं
नये आलू
पारदर्शी जिल्द वाले
जिनसे साफ-साफ झलक मारता है
किसी का सफेद
किसी का गुलाबी
पीला
हरा
या चटख लाल रंग
सबसे अधिक भाव है लाल आलुओं का
जैसे आयरन भरा हो उनमें खास
ग्राहकों की भीड़
टूटी पड़ रही है नये आलुओं पर।

बाज़ार में पुराने आलू भी हैं
बेडौल मोटी चमड़ी वाले
जिनमें नहीं बचा है
पहले जैसा रूप, रंग, स्वाद
एक भी ग्राहक नहीं उसके पास
जबकि गिरा हुआ है उनका भाव

पुराने आलू कुढ़ रहे हैं
देख-देखकर नये आलुओं को

कुछ का गुस्सा तो फूट पड़ता है
अँखुए की शक्ल में
उनके पूरे बदन से
कुछ दे रहे हैं नसीहतें—
'इतराओ मत, चार दिन की है चाँदनी'
नये आलू युवा हैं तो थोड़े मसखरे हैं
रह-रहकर उन्हें चिढ़ा देते हैं—
'इतनी मोटी चमड़ी है आपकी
कि छीलो तो गुदा उतर जाए
हमें देखिए चुटकी से उतर जाते हैं
लगता है बूढ़े हो गये आप
रिटायर होने के दिन आ गये हैं।'
पुराने आलू जानते हैं
कि अब उतरना होगा उन्हें मिट्‌टी में
नहीं जानते कि उनके अंग-प्रत्यंग में है
अनगिनत नये आलू पैदा करने की क्षमता
बिना मिटाए पुराना शरीर
नहीं घटित होगा यह चमत्कार
वे दुःखी हैं इस अहसास से
नहीं रहेगा इतने दिनों से पोषित यह शरीर
जिनसे जुड़ी हैं पंचरस युक्त स्मृतियाँ
सब कुछ चुकते जाने का अहसास
उन पर इतना भारी है कि भूल गये हैं
कि 'नये' पराये नहीं उनके ही 'अपने' हैं
भूल गये हैं 'नये' भी कि वे बूढ़ी आँखों के ही
युवा सपने हैं
सब्ज़ी-बाज़ार में छिड़ा हुआ है
दोनों पीढ़ियों में जबरदस्त विवाद
सभी सब्जियाँ हरी, पीली, सफेद, नीली
कह रहीं जिसे आलूवाद।

विदेशी दाल में देशी घी का तड़का

'आओ, आओ साहब
यहाँ देशी परवल है
आकार में छोटी है
असली रंग हैं
बिना खाद की भिण्डी है
महँगी तो होगी ही
देशी है
शुद्ध है
असली है'

सब्ज़ी-बाज़ार में बेची जा रही हैं सब्ज़ियाँ
महँगे दामों में देशी नाम पर
ग्राहकों की भीड़ वहीं ज्यादा है
जबकि आकार में बड़ी
चटख रंगों वाली सब्ज़ियाँ
थोड़ी सस्ती हैं।
उन पर विश्वास नहीं है ग्राहकों को
—'केमिकल के कारण बड़ी हैं।
रंगी हुई हैं इसलिए हरी हैं।
लगता है विदेशी हैं।'

कितना अजीब है
कि वे ही लोग हैं
जो कपड़े, प्रसाधन, विलासिता की वस्तुएँ

खरीदते हैं, विदेशी नाम पर
जो उसी तरह नहीं होती विदेशी
जैसे नहीं होती देशी पूरी देशी
देशी दाल में विदेशी मक्खन की छौंक
विदेशी दाल में देशी घी का तड़का
मिलावट सबमें है
असली कहाँ जनता की किस्मत में है!

परिवर्तन

जी.पी.ओ. का विशाल भवन
देख-देख विमुग्ध हो रही हैं आँखें
मित्र ने वादा किया था
वहीं मिलने ठीक ग्यारह बजे
साढ़े दस हो रहे थे
सोचा, चलो समय गुजारें
एक पत्र ही लिख डालें
अन्तर्देशीय ले आ बैठी
सोचने लगी, किसे लिखूँ

तभी दृष्टि अटक गयी सामने
एक अप-टू-डेट अमीर साहब
और उनके समक्ष गिड़गिड़ाता
एक किशोर
ध्यान दिया, तो सुनाई पड़ा
माँग रहा था दस रुपया
लौटना था गाँव
किराया न था
आया था लखनऊ बुआ के पास
खेत बचाने हेतु मदद माँगने
पर बुआ जी गायब थी
अब समस्या लौटने की थी
किसान का बेटा
भीख कैसे माँगे?

साहब जाँच-पड़ताल कर रहे थे
कब, कहाँ, कैसे, किधर, क्यों
हजारों प्रश्न!
तोहमतें भी धर रहे थे
जालसाज भी कह रहे थे
'धन्धा बना रक्खा है तुम लोगों ने'
अन्त में दयार्द्र होकर बोले
जाओ, कुछ और लोगों से भी
माँग लाओ दो-चार, पचास पैसे।
वह रुआँसा हो उठा
साहब, कोई काम करा लें
भीख माँगना नहीं आता।
साहब की डाँट—'भाड़ में जाओ
पैसे क्या फलते हैं?'
मन दहक उठा।
अरे, नहीं देना है
तो साफ इनकार कर दें
इतनी लानत-मलामत क्यों?
इशारे से बुलाया बालक को
उसने दुखड़ा रोना चाहा
मैंने कहा 'चुप'
पर्स टटोला, सिर्फ बारह रुपये
टैम्पो का किराया दो रुपये
शेष बचे दस
दे दें इसे?
पर दोस्त को चाय पिलानी है
क्या करें?
साहब चिल्लाये—
मैडम, ये सब ठग होते हैं
बालक का मुरझाया चेहरा
डबडबाई आँखें...

नहीं... नहीं कह रहीं
रुपये पकड़ते ही रुँधे कंठ से बोला—दीदी
'नहीं... बस जाओ।'
जाते ही उसके
—अब...?

दोस्त आयी... चलें
किस रेस्टोरेंट में?
मैं हकबकाई... क्या कहूँ?
तभी तपाक से बोल उठे
पास खड़े वही साहब
चलिए नये परिचय के नाम
आज का लंच मेरी तरफ से
होटल 'क्लार्क' में

अलग-अलग दुनिया

सोचता है बच्चा
कैसी है यह बड़ों की दुनिया
झूठ-फरेब
छल-छद्‌म से भरी
अभिमान से भरे बड़े
लादना चाहते हैं अपनी मर्जी
महत्वाकांक्षाएँ
जो कर सके न खुद पूरी
जीने नहीं देते हमें अपनी उम्र
जीवन
खुशी
न हों ये बड़े
कितनी सुन्दर हो जाए यह दुनिया
सोचते-सोचते बड़ा हो जाता है बच्चा
और उसके सामने होती है
बच्चों की वैसी ही दुनिया
सोचती हुई
कैसी है यह बड़ों की दुनिया
झूठ-फरेब
छल-छद्‌म से भरी।

ड्राइंग रूम

एक

उनके
ड्राइंग रूम में
रह सकती हैं नंगी मूर्तियाँ
उनको बनाने वाले
खुरदुरे हाथों से
उन्हें परहेज़ है
ड्राइंग रूम में
सजाए जा सकते हैं रंग-बिरंगे फूल
उगाने वाले
मिट्टी सने हाथों से
उन्हें परहेज़ है।

दो

उनके ड्राइंग रूम में
लगे हैं
कबाड़ बीनते
श्रम करते
भीख माँगते
भूखे, नंगे बच्चों
और फटे वस्त्रों से झाँकते
पुष्ट अंगों वाली

खुले में नहाती
करतब दिखाती
बच्चे को दूध पिलाती
आदिवासी युवतियों के
बेशकीमती तैल चित्र
वे कला के पारखी हैं।

बूढ़े हैं... लाचार हैं

वे संख्या में चार थे
बूढ़े थे, लाचार थे
कई वर्षों से वृद्धाश्रम में पड़े
रोते थे घर और बच्चों के लिए
घर—जिसे बनाया था चाव से
बच्चे—जिन्हें पाला था लगाव से
जप-तप, पाप-पुण्य, काट-कपट सब
किया था जिनके लिए
वे ही इनसे बेजार थे।

बूढ़े याद करते थे बीते दिन
जब उनकी भुजाओं में ताकत थी
पैसा था नाम था
तब बच्चों में कितना सम्मान था
अब ये उनके लिए बेकार थे।

एक दिन वे लान में बैठे
सुना रहे थे एक-दूसरे को
पुराने किस्से
कि रोता बिलखता एक बूढ़ा आया
समझ गये वे नया शिकार है।

बूढ़ा कथनी कह-कहकर रो रहा था
मन की तकलीफ को धो रहा था

—'जब बेटा पैदा हुआ—मैं ब्रह्मा था
पाला—विष्णु हुआ
किसी ने खरोंच भी लगाई उसे
कि हुआ शंकर विनाशकारी मैं
अभी कल तक मैं उसके लिए
अखिल संसार था।'
बूढ़े उसे दिलासा दिला रहे थे
अपनी कहानी भी सुना रहे थे
—भाई, यही है दुनिया की रीत
कि रीते हुए का नहीं कोई मीत
बीते कल की मत सोचो
कि कितने समझदार थे।

मैं देर तक उन्हें देखती सुनती रही
फिर पास आकर बोली—
'बाबा, स्वार्थी बेटों के लिए हलकान ना हों
प्रार्थना करें, अगले जनम तुम्हें बेटियाँ ही हों।'
बूढ़ों के चेहरे गुस्से से तन गये
बोले—बेटियाँ ही देंगी मुक्ति... तारेंगी क्या
चलेगा उन्हीं से वंश, कुल सँवारेंगी क्या
हतप्रभ हो सोचने लगी मैं
—ये तो आज भी उसी नाव पर सवार हैं
जबकि बूढ़े हैं... लाचार हैं।

मैं नागरिक हूँ

नागरिक हूँ
सोचती हूँ
बिगड़ चुके हैं लोग
और सबको ठीक करना मुश्किल है
इसलिए उन्हीं लोगों की भीड़ में
शामिल हो जाती हूँ
मुझे अकेले डर लगता है
नागरिक हूँ
दूसरों के दुःख को
मानती हूँ
उनकी अपनी 'प्राइवेट' चीज
और अपने सुख में तल्लीन हो जाती हूँ
मुझे दुख से डर लगता है
नागरिक हूँ
अफसरों को सलामी देती हूँ
मातहतों को छोटा समझती हूँ
मुझे ऊँचाई पर जाना है
मुझे छोटे लोगों से डर लगता है।

इच्छा

सड़क की
दिली इच्छा है
कि बच्चा
बिना एक भी
खरोंच खाए
और चेहरे पर
खौफ लाए
मुझे पार कर जाए।

राख

बुझी हुई राख
बीच से रास्ता बना लेती हैं चींटियाँ
कुत्ते लौटते हैं,
हवा उड़ा ले जाती है कहीं भी
औरतें माँजती हैं बरतन
पोतकर देह पर साधारण पुरुष
बन जाता है सिद्ध
बच्चे उछाल कर खेलते हैं
गन्दगी ढँकी जाती है
मुहावरे 'सब कुछ खत्म होने' का अर्थ देते हैं
कोई नहीं रखता याद
राख कभी आग थी
पर शेष हो राख में अगर
एक भी चिनगारी
शेर भी नहीं फटकता
उसके पास।

हरे झंडे क्यों?

वे चिन्तित हैं कि
कुछ छतों पर
हरे झंडे क्यों हैं?
मुझे डर है
कहीं वे कानून न बना दें
पेड़ हरे पत्ते और फल न उगायें
हरी फसलों पर मुकदमे चलाए जाएँ
कि उनके आदेश से तोते किसी दूसरे मुल्क चले जाएँ
कि औरतें हरी साड़ियाँ तो कत्तई न पहनें
और इस बात का खास खयाल रखें
कि उनकी रसोई में हरी सब्जियाँ न आने पायें
कि उनकी कोख हरी न हो
दुर्लभ होते हरित-प्रदेश में
वे हरियाली की कुर्की कराने वाले हैं
पक्षियो
फसलो और
औरतो
कृपया सावधान।

स्त्री आत्म-निर्भरता

कस्बों और छोटे शहरों दुकानों में भी
दिख रही हैं आजकल
काम करती हुई
कमसिन, सुन्दर, अविवाहित लड़कियाँ
दुकान चाहे मोबाइल की हो
या डॉक्टरी की
ब्यूटी की या आभूषणों की
हर जगह मौजूद हैं
कमसिन, सुन्दर, अविवाहित लड़कियाँ
आप इसे बदलते समाज में
बढ़ती हुई स्त्री आत्म-निर्भरता का नाम दे सकते हैं
जबकि ऐसा बिल्कुल नहीं है
ये लड़कियाँ न तो ज्यादा पढ़ी-लिखी हैं
ना उक्त काम की अपेक्षित जानकारी है
ना तो काम उनका कैरियर है
ना आत्मनिर्भरता
वे खुद भी गम्भीर नहीं हैं काम के प्रति
बस टाइमपास कर रही हैं विवाह से पहले तक
कुछ पैसे भी मिल जाते हैं बदले में
शौक पूरा करने के लिए
इसलिए खुश हैं
कमसिन, सुन्दर, अविवाहित लड़कियाँ
दुकानदार जानते हैं यह बात
रखते भी हैं इन्हें इसीलिए

उनको काबिलियत नहीं फ्रेश चेहरे से मतलब है
जिनसे खिंचे चले आते हैं ग्राहक
वेतन भी देना पड़ता है मामूली-सा
दिल भी बहलाती हैं
और चली जाती हैं आसानी से
जब तक कि बासी पड़ें इनके चेहरे
इनके जाते ही आ जाते हैं फिर
कुछ नये फ्रेश चेहरे
जिनसे खिंचे चले आते हैं ग्राहक
लड़कियाँ भी खुश हैं
काम के बहाने पा लेती हैं
चूल्हे-चौके से फुरसत
सज-धजकर निकलती हैं
मुक्त होती हैं बंदिशों
वर्जनाओं से
लेती हैं खुली हवा में साँस खुलकर
जी लेती हैं जिन्दगी अपनी मर्जी से
कुछ घंटे
कहती हैं—'शादी की पड़ते ही नकेल
बनना ही है कोल्हू का बैल'
लड़कियों की इस सोच से
दुकानदारों के पौबारह हैं।
खुद्दार, समझदार, और ज़्यादा पढ़ी-लिखी लड़कियाँ
नहीं टिक पातीं इन दुकानों पर
खुद्दार आग हो जाती हैं
खुद को समझे जाने पर 'सामान'
समझदार हिस्सा चाहती हैं उस मुनाफे में
जो आता है उनकी बदौलत
उच्च-शिक्षित काम के अनुसार वेतन और
काम के घंटे निर्धारित करने की बात करती हैं
दुकानदार निकाल फेंकता है बाहर

ऐसी लड़कियों को दूध की मक्खी की तरह
उनके जाते ही आ जाती हैं और भी कम पैसे में
कमसिन, सुन्दर, अविवाहित लड़कियाँ
दुकानदार फिर कमाने लगता है बिना तनाव के
दुहरा-तिहरा लाभ
नयी उम्र की ऊर्जा, शक्ति और सौन्दर्य का
करके भरपूर इस्तेमाल
आप चाहें तो इसे बदलते समाज में
बढ़ती हुई स्त्री आत्म-निर्भरता का नाम दे सकते हैं
जबकि ऐसा बिल्कुल नहीं है।

पिता नहीं रहे

अब कौन कहेगा
मेरे देर रात बाहर रहने पर
आवारा हो गया है।
फिर भी जोहता रहेगा बाट
मेरे लौटने का।
अब कौन ओढ़े रहेगा
रोज-ब-रोज कमजोर हो रहे कन्धों पर भी
घर का सुख-दुःख
रिश्तेदारी-नातेदारी
मुझे चिन्ता में नहीं डालेगा
अब किसकी नूरानी आँखों में
झिलमिलायेंगे सपने
मेरे ब्याह के
कौन होगा अब माँ का सुहाग और सुकून
बहनों की उम्मीद और खुशी
अब कौन जिन्दा रखेगा मेरा बचपन
अपनी नेह-भरी पुकार में?

लाचार पिता

बूढ़े और लाचार पिता
देखते रहते हैं
गर्दन मोड़-मोड़कर
तेज भागती दुनिया को
कहते हैं
कि नहीं चल सकते वे
जमाने के साथ
और कोई रुकता नहीं
उनके लिए
पथरा गया है निचला धड़
नहीं कर पाते
अब वे कोई काम
इन्तजार है उनके अपनों को
कब पथरायेंगी
बूढ़े की आँखें?

अतीत

तिलचट्टे की

पुरानी देह से

निकल आयी है
एक नयी देह
फिर क्यों घिसट रहा है
पुरानी को भी

नयी के साथ-साथ

क्या अतीत का मोह

कभी नहीं छूटता

क्यों?

क्यों है आज
हवा में इतनी सुगन्ध
इतना पागलपन
घास क्यों समेट रही है
बारिश की बूँदों को
इस तरह
उषा में इतनी हया क्यों
तुम आ रहे हो क्या?

❑❑